家庭教育公开课

教育部关心下一代工作委员会 主编

人民教育出版社

·北京·

图书在版编目（CIP）数据

家庭教育公开课/教育部关心下一代工作委员会主编. — 北京：人民教育出版社，2021.6（2022.8 重印）
ISBN 978-7-107-35938-5

Ⅰ.①家… Ⅱ.①教… Ⅲ.①家庭教育 Ⅳ.① G78

中国版本图书馆 CIP 数据核字（2021）第 123257 号

JIATING JIAOYU GONGKAIKE
家庭教育公开课

出版发行	人民教育出版社	
	（北京市海淀区中关村南大街 17 号院 1 号楼 邮编：100081）	
网　　址	http://www.pep.com.cn	
经　　销	全国新华书店	
印　　刷	保定市中画美凯印刷有限公司	
版　　次	2021 年 6 月第 1 版	
印　　次	2022 年 8 月第 3 次印刷	
开　　本	787 毫米 ×1 092 毫米　1/16	
印　　张	12	
字　　数	168 千字	
定　　价	28.00 元	

版权所有·未经许可不得采用任何方式擅自复制或使用本产品任何部分·违者必究
如发现内容质量问题、印装质量问题，请与本社联系。电话：400-810-5788

序

十年树木，百年树人。做好关心下一代工作，关系中华民族的伟大复兴。教育部关工委成立三十周年是我国改革开放和社会主义现代化建设取得瞩目成就的三十年，也是各级教育系统关工委和广大"五老"为党的教育事业薪火相传、做出积极贡献的三十年。回眸三十年，各级教育系统关工委不忘为党育人初心，牢记立德树人使命，突出"五老"优势，为青少年健康成长做出了独特贡献，谱写了一曲曲离休不离岗、退休不褪色的动人篇章。

三十而立，风华正茂。值此之际，教育部关工委出版了《院士说》《匠心志》《我和我的祖国》《老校长下乡日志》《家庭教育公开课》《教育系统关心下一代课题研究成果集萃》等系列丛书。它们是三十年来各级教育系统关工委和广大"五老"急党政所急、想青年所需、尽关工委所能的一个缩影，浓缩了教育"关工人"赤诚的教育情怀、创新的工作思路和为立德树人工作永无止境的探索实践。

这里有隐姓埋名三十载、只为沧龙游四海的"中国核潜艇之父"黄旭华一生无怨无悔、与时代同行的动人故事，也有一生只做一件事的"故宫男神"王津求学求艺的心得和精益求精、耐得住寂寞的"工匠精神"。院士们、劳模们在教育系统关工委组织下纷纷走进校园、走近青年学生，用自己的人生经历、真挚情感讲与祖国同成长的故事、科教报国的情怀和人生的感悟，生动感人，直击学生内心，达到了

"与君一席话,胜读十年书"的教育效果。

这里有老校长们深入贫困地区帮助学校加强管理及开展教师队伍、校园文化建设的工作日志。"一个人被需要才是幸福""我们愿做贫困山区发展的隐形翅膀",老校长们不仅把先进的教学理念、优质的教育资源送到受援地,大大提升了受援学校的办学理念、管理水平、教学水平,更是用这种大爱精神深深感染着周围的每一个人,甚至还稳住了年轻的特岗教师,提升了当地脱贫攻坚的满意度。

这里有针对新冠肺炎疫情期间出现的"疫情综合征",儿童手机、网络成瘾等家庭教育问题开设的家庭教育公开课实录。"及时沟通,彼此尊重","真正做到'顺势而养''乘势而育''纠偏而行'","从孩子的精神层面入手,让他成为一个快乐的好人",千千万万家长通过教育系统关工委组织的家庭教育公开课掌握了家庭教育的正确理念和科学方法。

这里有基层教育系统关工委鲜活生动的实践成果,也有将实践中积累的好经验好做法凝练升华后的理论成果,涵盖学习贯彻习近平新时代中国特色社会主义思想、关工委组织力建设、品牌活动建设、家庭教育等方方面面,凝聚了一代代教育"关工人"的智慧和心血,既是对这三十年探索实践比较全面的总结,更是谋划未来的工作基础。

这套系列丛书用朴实的文字记录了三十年来教育系统关工委在做什么、为什么做以及产生了什么影响,这是教育系统关工委三十年来,特别是党的十八大以来发展历程的见证和忠实记录,也是"五老"风采的集中展示。这些"故事"为守护青少年健康成长而书写,为服务社会、服务家庭而书写,为关工委自身建设发展而书写,是对过去的总结,也是教育系统关工委助力立德树人的鲜活实践的凝练。

三十而立,任重道远。站在"两个一百年"历史交汇点上,面对世界百年未有之大变局,教育部关工委愿始终与大家一起,以更加奋发有为的精神状态，在更高的起点上，引领青少年与时代同向同行、与国家民族命运与共，为培养社会主义建设者和接班人做出新的更大贡献。

今年是建党一百周年，也是"十四五"开局之年，谨以这套系列丛书作为我们教育系统关工委献给党百年华诞的一份礼物。是为序。

（教育部关心下一代工作委员会主任）

目　录

专题一　生命教育——培养懂得感恩、敬畏生命的人/1

专题导语/1

专家简介/2

　　我的人生，因为自己而精彩/2

　　孩子，妈妈总有一天也会离开你/4

　　爱人爱己，爱周围，爱世界/8

　　向阳生长——倔强的小树苗/11

　　以"心"换"心"——让我的家充满爱/14

家长感言/18

专题二　家校社合作——培养好孩子、好学生、好公民/20

专题导语/20

专家简介/21

　　Hi！当心被"叫家长"/22

　　"养育"和"智育"手拉手/23

　　校园大事——家长早知道/28

　　家长 VS 教师：针尖对麦芒？/29

　　社会大课堂——我的实践能获奖/33

家长感言/36

专题三 合理使用手机——做网络世界的高素养公民/38

专题导语/38

专家简介/39

 "空中课堂"宽天下/39

 相隔屏幕,想要管理不容易/40

 走出电子游戏,拥抱生活/41

 提高媒介素养,做高素质网络公民/44

 妈妈,我在屏幕这边给您加油!/46

 手机——美好生活的帮助者 or 无聊生活的填充者?/47

 手机——家庭矛盾的聚集点?这个"锅"手机不能背/48

 合理使用手机,避免手机成瘾/51

 孩子,爸爸陪你一起玩游戏/53

 玩游戏真的有助于促进学习进步吗?/54

家长感言/57

专题四 管理情绪——做自身情绪的主人/59

专题导语/59

专家简介/60

 "小"情绪变"大","小"大人长"大"/60

 突如其来的"抱大腿"/62

 你好!我的小情绪!谢谢你!/63

 管理孩子情绪的关键——让情绪"有处安放"/65

 对话式阅读,开启和孩子的情绪之旅/68

 幸福就在"转念间"/70

家长感言/72

专题五　做人，做事，共处——良好品格伴我行/74

专题导语/74

专家简介/75

  兴趣体验"大拼盘"，我的兴趣我来挑/76

  为自己的孩子点赞/78

  爸爸妈妈也需要"断奶"/79

  我的果汁分你一半/82

  爸爸，我不许你说脏话/84

  儿子，爸爸也是你的知心好友/87

  学习力决定孩子未来/89

家长感言/92

专题六　学会学习——做乐学、善学的学生/95

专题导语/95

专家简介/96

  学而时习之，不亦说乎/96

  学习，为热爱而学/98

  学习，在生活中学/99

  学习是先自律，再自由/101

  孩子，我们每天一起完成一个小目标/103

  以强促弱，纠"偏"而行/104

  玩引线游戏也能提高语文成绩/106

  兴趣班，孩子真的有兴趣吗？/106

  甘愿做孩子成长道路上的"扶梯"/109

  种瓜得瓜，种豆得豆/110

家长感言/111

专题七　道德教育——帮助孩子培养良好道德情操与习惯/113

专题导语/113

专家简介/114

　　原生家庭，伴随一生的影响/114

　　孩子是父母的"正容镜"/116

　　自私的孩子不快乐/118

　　家庭道德教育和学校道德教育的不同/119

　　解铃还须系铃人/122

　　打开孩子"锁"住的"心"门/124

　　既要适应社会也要保有自己的个性/125

　　起点线的成功，终点线的精彩/127

家长感言/128

专题八　"叛逆期"不叛逆/130

专题导语/130

专家简介/131

　　"青春期"，让我看看你是谁？/132

　　"青春期"，我们其实都一样/132

　　叛逆是一个好的开始/134

　　学会做孩子的听众/140

　　父母：做永远的守护者/142

　　拒绝不良代际传递——我的经历不能"带"给你/143

　　人："撇"与"捺"的协调发展/144

　　调节家庭关系——"加减乘除"四步法/146

　　"恋"不"早"，"早"不"恋"，放平心态看"早恋"/149

家长感言/152

专题九　成长规划——帮助儿童体验、找寻未来发展方向/154

专题导语/154

专家简介/155

　　报培训班、买学区房是机械式的规划/155

　　要想职业规划好，不断尝试是个宝/160

　　我和孩子一起追星/164

　　榜样的光芒照我前行/166

　　家长的优良品格是孩子一生的财富/168

　　个人理想需要并入社会发展的快车道/171

家长感言/174

后记/176

专题一
生命教育——培养懂得感恩、敬畏生命的人

专题导语

新型冠状病毒肺炎疫情蔓延全球，数以亿计的人感染病毒，无数的人力、物力和财力投入到了与病毒做斗争的奋战中。我国针对新冠病毒肺炎疫情的斗争已经取得了重大战略成果。在抗击疫情的这段时间里，家长也有了一些"意外"的收获，比如说有了更多的时间去陪伴孩子，和孩子平心静气地交流，真正走进孩子的内心世界，感受孩子的感受，在此过程中也切身意识到了生命的重要性。那么如何更深切地理解生命教育，如何在家庭教育中开展生命教育，成为大家关心的问题。本期专题即以文字转录形式收录了来自首都师范大学初等教育学院院长刘慧教授、首都师范大学初等教育学院副院长张志坤副教授关于上述问题的分析与讨论，希望通过专家的智慧点拨、案例分享及科学建议等方式给予广大家长以启发和思考。

专家简介

刘慧，教授，博士生导师，首都师范大学初等教育学院院长，首都师范大学儿童生命与道德教育研究中心主任，中国陶行知研究会生命教育专业委员会常务副理事长。曾主持教育部"小学品德与生活（社会）"教师培训课程标准研制项目等多项国家级、省部级科研项目，发表学术论文70余篇，出版专著《生命德育论》《陶养生命智慧》，领衔合著《社会变革时期中国小学生道德价值观调查》《小学生品德发展与道德教育》，主编《小学德育实践》《生命教育导论》等多部教材。荣获第三、四届全国教育科学研究优秀成果奖三等奖，对社会变革时期中国小学生道德价值观等问题有深入研究。

张志坤，德国柏林自由大学博士，副教授，首都师范大学初等教育学院副院长，首都师范大学儿童生命与道德教育研究中心副主任。曾主持教育部全国教育科学规划课题"娱乐文化对6~15岁儿童道德品质的影响与对策研究"，出版译著《教育人类学》及英文专著 Chinese Initiation Rituals，对中学德育、仪式教育于儿童生命成长等问题有深入研究。

我的人生，因为自己而精彩

主持人： 为什么生命教育这么重要，甚至可以说是在对孩子进行教育过程当中的第一课？

刘　慧： 回答生命教育为什么重要的问题，还需要从生命教育的诞生说起。我国生命教育开端于20世纪90年代左右，核心思考的问题就是今天的孩子应该受到什么样的教育才能为生命成长提供更有效的帮助。所谓生命教育，是以生命为基点，遵循生命之道，借助生命资源，唤醒、培育人们的生命意识、生命道德和生命智慧，引导人们追求生命价值、活出生命意义的活动。但考察现实生活，审视教育现象，反思孩子成长中出现的问题，我们发现生命教育的缺失。当今生命教育能够被重视，能够被关注，尤其是疫情让我们更多的家长、老师和社会关注这个问题，重要的原因就是生命教育能够帮生命健康成长。

张志坤：生命教育成为家庭教育非常重要的内容，我个人觉得有两方面的原因。第一个是连贯性。小孩子出生在这个家庭中，也就是说从孕育成长，一直到最后生命的终结，家庭不光是孩子的生命诞生之地和第一个摇篮，也是孩子日后长大成人、衰老乃至生命终结的地方。第二个应该是完整性。生命从孩童成长、成年立业，一直到独立开始新的家庭生活，整个过程中反映出生命的积淀、生命的补给、生命的关照，这些是他一生的话题。所以我觉得从这两方面来看，家庭教育当中，生命教育应该是最重要的。

刘　慧：谈到在家庭教育当中，生命教育为什么是第一性的问题，我觉得可以重新去审视家庭和生命的关系。我们说家庭孕育了生命，对于孩子而言，可能从不同的角度有多种比喻。比如，从国家育人的角度来说，孩子是祖国的花朵、民族的希望和未来。从生命传承的角度来说，孩子对于家庭、对于父母就是生命的延续。一个生命的诞生从历史追溯，他可能涉及成百上千个人，所以我们说，在生命的视角下，家庭当中的孩子是一个生命繁衍的问题，是一个连续的问题。我们也可以从另外一个角度来说，虽然孩子是父母所生，生命是由父母孕育，但孩子一旦出生，他就不是完全隶属于父母，他是一个独特的生命，他的成长发育状况是对父母养育的回报，同时也是他的生命轨迹发展的证实。

家庭是生命成长的一个摇篮。那在这里意味着很重要的一点，家庭要给生命成长提供能量。我们说生命的成长，不论是生理还是心理的方面都离不开能量。那这种能量家长可能更多地认为是供孩子日常饮食和保暖。这个是有形的，但还有无形的，比如家长的榜样力量、家庭的氛围和家风家训，就像家族里传承的精神"血脉"，这些都给孩子的生命成长提供无形的力量。所以家庭中的生命教育的重要性恰恰也在于它为孩子的生命健康成长提供精神能量。

我觉得从生命和家庭教育的角度来看，好的家庭教育是在为孩子的健康成长提供正向有效的能量。孩子在生长发育期，没有了必需的能量获得，那他的生命自然很难健康成长。所以在家庭教育当中，为什么说生命教育是第一课，就在于它要为孩子生命的健康成长提供有效能量。而且生命教育不仅是说要教育孩子，很多时候是孩子和我们家长在共同学习、共同成长。很多新手爸妈会感慨，真是"不养儿不知父母恩"，等他生养过一个孩子之后，才知道原来孕育生命的过程这么漫长，养大一个孩子是这么辛苦。如果这个孩子不珍惜自己生命的话，那家长之前的这些辛苦就都白费了。

孩子，妈妈总有一天也会离开你

主持人： 疫情期间，有很多的医护人员成了"逆行者"，不能陪伴孩子，还有一些家庭遭受了失去亲人的痛苦，该如何引导孩子理解"去世"，从而对生命有新的认知呢？

刘 慧： 疫情期间，有很多的"逆行者"为了支援抗疫，需要奔赴他乡而不能跟自己的孩子待在一起，所以很多智慧的爸爸妈妈就会说"爸爸（妈妈）去外地打怪兽了，你要等我回来"之类的话。很多家长会有这样的疑惑,我作为家长,我怎么样告诉孩子这件事情,引导孩子理解什么是"去世",从而使其对生命有新的认知。我们想让一个六七岁的孩子理解"去世"就是"到另一个世界去了",这个可能很难,但是我们总要想出一个方法,针对不同年龄段的孩子,让他们在认知范围里能够理解这件事情。那我们就分年龄段说一说吧。

先从年龄小的开始说。针对小学一年级的孩子来讲,所谓有效的方式就是用一种具象形式,比如图文并茂的绘本形式,而且要用孩子能够接受和理解的语言进行表述。比如对小学一年级的小孩子来说,病毒理解起来可能很抽象,但是他还是可以理解"病毒怪兽"的。那么这样的做法就是使孩子的内心世界跟孩子成长的历程、他的一些特点相吻合,我觉得这样教育孩子,让孩子脑海中认识的事物与自然界或是人类社会当中现实存在的事物做好连接,可能对孩子认识世界更加有利。从这个角度来说,不论是哪一个年龄段的孩子,对他进行生命教育的时候,要根据他的年龄特点来进行。

再比如幼儿园的小朋友处于天性成长阶段,以自然发育为主。那对于他来说我们能够关注的是什么?可能他还不会去顾及"世界是什么""外界是怎样"的问题,对于他们来说,生命教育最重要的一个方面就是安全教育。这次疫情也可以对孩子进行安全教育,比如要勤洗手,出门戴口罩,预防看不见的病毒。但还有一些,比如什么地方是危险的不能去,交通规则应该如何遵守,像这样的问题就是要引导孩子知道哪些是安全的,哪些是不安全的,让他健康成长。我看到过一些案例,孩子因为小时候不小心,发生交通事故或者触电,造成了身体的创伤。我就觉得很心痛,身体的残缺给之后的生活带来了很多的困难,也让孩子经历了很多的磨难。责任在谁呢?一个孩子他来到这个世界上,来到成人人为创造的环境当中,有了很多他们不知道的东西。一方面,成人要告诉孩子,他应该注意什么,让他免于遭受这样的不幸。家庭生命教育对于幼儿来说最重要的一点就是要让他健全地活着，不能因为父母的不尽责而给孩子带来一生的影响。

另一方面，孩子在幼儿时期，他可以感受外界，可以联想，那家长这个时候需要尽可能更多地提供亲情让他感受。我记得我的女儿四五岁的时候，有一次听中央人民广播电台的《小喇叭》节目，当时这个节目正在讲苏联的航空器在太空飞行，由于计算错误，太空飞船可能就要爆炸了，在临爆炸之前飞船上的人都要给家里写信，其中有一个父亲就写了一封给孩子的信，非常感人。我的女儿拿着个小板凳坐在那儿听，我就在那儿做菜，听完了之后她跑过来，一下就抱住我了，然后就开始哭，我当时还想："哎呀，这么小的孩子就这么有同情心，就能够理解那个即将要失事的宇航员爸爸的孩子有多可怜。"然后我就说："好孩子，咱们不哭啊，咱们不怕不怕。"我话音未落，女儿瞪大了眼睛说："妈妈，你不会也像那位宇航员爸爸离开我吧？你不会死吧？"其实，这时孩子是在谈什么呢？孩子这时候已经知道，失去最亲的人是很痛苦的，她很害怕这一点。所以我觉得从这个角度来说呢，幼儿的生命教育，应该是建立良好的亲子关系。在幼儿阶段建立良好的亲子关系，对于孩子一生的发展都是至关重要的，而且是非常有利的。马斯洛曾经研究过那些优秀的人为什么可以在面对爱的缺失、面对周遭的不幸的时候，仍然能够乐观顽强地活下去，其中有一个原因就是他们幼儿时候的爱没有缺失，是爱的力量一直在支撑着他们。

在小学阶段，对于小学生的生命教育，首先要引导孩子关爱自然，其次要帮助他们去认识、去理解活着的意义，教会孩子自我保护，教会孩子什么是真正的尊严。有一个很令人痛心的案例。一个小朋友写钢笔字，甩来甩去甩到了老师的白裙子上，这位老师就责怪了这个小朋友，孩子觉得他的生命尊严受到了伤害，回去之后就写了一封遗书，他在遗书中写道："我知道生命是可贵的，但是生命的尊严更可贵，我要用我的生命来捍卫我的尊严。"结果这孩子就自杀了。这个孩子在理解生命尊严的时候有很多的混淆点，所以开展生命教育，无论是家庭还是学校，不仅需要爱孩子，更要教会孩子理性地分辨活着的意义。孩子比较容易在考试不及格、雷雨天、生病、深更半夜睡不着的时候，思考关于"生命"的问题。等孩子上了初中，尤其随着知识面的扩大，他们会有很多的不适应，在这种不适应当中，可能还会伴随着一种畏惧，孩子对于自身前途的不确定会不知所措。那这个时候的生命教育，首先需要让孩子看到世界发展的众多方面。其次要让他知道，他所面对的困难不是他个人的，而是每个人都可能会遇见的。最后就是面对一些不如意、不顺心、挫败的时候，应该积攒力量去战胜它，而不是选择使用极端的方式躲避。

高中与大学阶段更重要的是让孩子了解人生意义的问题，这时期的孩子要回到生命的本源，去理解自我、理解需要、理解情感、理解价值，然后挖掘自身的能量去适应社会，去为社会创造价值，去活出生命的价值。

主持人： 针对疫情期间的生命教育，作为家长该如何引导孩子理解，从而对生命有新认知呢？可以针对不同年龄段谈一谈。

张志坤： 当今家长在生命教育领域出现的困惑不单单是由疫情引起的，是因为父母本身就缺失了对孩子的生命的启蒙、生命意识的培养、生命能力的塑造。不过疫情是生命教育的契机，孩子会发现家长每天也要面对工作，甚至有些家长是要在一线跟病毒去做斗争的。孩子在这种困惑之下，家长可以通过绘本、视频、讲故事等形式，用孩子能理解的方式和语言给孩子讲到底发生了什么。低年级段或者幼儿园阶段，可能需要更多的形象化的比喻，例如"爸爸要去一线打败病毒怪兽"等。随着孩子年龄增长，家长可以更加理性、更加抽象地来讲这个问题，让不同阶段的孩子看清当下的问题。家长还要找到跟孩子对话的合适的方式。大学生已经是成人了，话题就可以稍微宏观和深刻一些了，比如说我们会与学生讨论，"什么是生命"，"我们如何理性地、科学地看待生命的起源和人类的起源问题"，以及"人类与其他生命的关系问题"等，我们还会谈生命的责任问题、生命的关爱问题、生命的实现问题、成为优质自我的问题等。这些问题经过理性的讨论后，学生就会进入一个既有理性思维又有社会担当的思考阶段。

爱人爱己，爱周围，爱世界

主持人： 生命教育的正向价值和意义是什么？

刘　慧： 生命教育是终身教育理念下的生命教育，它是终身教育，也是全人教育。我们谈生命教育的意义和价值，它不仅仅就是我和我周围空间的关系，更要把我放在个人全部的生命关系当中去，放在整个的生命世界当中去，再来定位我和它的关系，不仅是人和人的关系，也不仅仅涉及我看得见的现在的世界。人类需要穿越历史的长河，在这个过程中思考"生命是什么""生命的意义是什么"和"生命的价值是什么"的问题。可以从以下几个角度进行认识和梳理。

第一，它是全人的教育，是终身教育的一部分。第二，生命教育是先要教育自己，不只是对别人，你自己就是一个生命教育的范例，你在给别人分享的同时也会获得自身的能量。根据这句话来讲，生命教育的核心是爱的教育，是"爱生命"的教育。那爱谁的生命呢？不光要爱自己的生命。如果把爱理解为只爱自己的话，恰恰就误读了爱的含义，也不能真正实现对自己的爱。它是一个"爱人爱己，爱周围，爱世界"的广泛含义，这样才有可能让自己活得好，让周围人活得好。在爱的教育下面说生命教育，其实生命教育是有关生命能量交换的教育。生命成长都离不开能量，我们每一个生命在一起，需要相互支撑，需要能量"出出入入""转移流动"，只有相互分享、获得能量的时候，才有可能让生命健康成长。

今天我们倡导"以人为本"，整个社会都在谈"以人为本"。那么以人为本的教育，在教育实践当中的表现就是要以生命为本。在这里谈的生命，不仅仅是人的生命，如果仅以人的生命为本，可能又窄化了生命教育的含义。在这里讲一个故事。有一个非常优秀的小学美术老师，他们班有一个小孩，只要一下课就跑到外边去，捉了蚂蚁把它的头和身子分开。老师一开始不知道，发现后，这个老师是这样教育他的："哎哟，你在干什么？"他说把蚂蚁头身分家。老师就说："那它妈妈就再也看不见它了，它就没有办法回家去跟它妈妈一起吃饭了。"这小朋友听了之后，也没说话，接下来几天都没有再这样做了。后来他变成了一个爱护蚂蚁的小卫士。他能够从他和妈妈的相处中来切身体会蚂蚁和自己处境的相似性。所以说我们从孩子生长的过程当中能发现孩子的一些天性，生命教育需要让人理性地去认识、去理解这个世界的生命和自己的生命之间存在着一种共融共在的关系。

谈生命教育的一个重要价值也是为了人类的可持续发展。从教育本身来说，它也是教育的本质所在。对于生命的认识，最后都能变成对待生命之间关系的基础。当下我们非常关心和正在想办法应对的校园欺凌问题，其实也是如何看待生命之间关系的问题。有些专家学者从心理学和人际关系的角度去讨论，我们做生命教育研究的更希望可以从生命教育的角度去分析、去应对。比如说孩子伤害别人的身体，欺负别人，侮辱别人，首先他可能对于被欺凌者"他是谁"这个问题，没有定位好。如果这个人是他的一个同学，他可能会以朋友相交；如果是他觉得讨厌的人，他采取的方式可能就会不同；如果他认为这个人就像一个物件，需要"处理"他，需要把他"消灭"掉，那欺凌者完全不将被欺凌者看作一个朋友、一个人、一个生命体。所以特别希望小孩子能从不再捏死蚂蚁这样的事例开始，意识到每一个生命体都有生命，小花朵也有生命，人的生命多么宝贵。所以讲到生命的本源、生命出现，包括讲生命的历程的时候，中国儒家把这种叫作"恻隐之心"，每个人都应该有推己及人的能力，他看到别人受伤害、看到别人痛苦的时候，他内心会感到不安，这样的话才不会去伤害别人。所以先要让孩子知道一个生命来到世界特别不容易，每一个生命来到世界就是一个奇迹，无论从生物学角度，还是从一个人慢慢成长的家庭生活的角度，他都是非常值得让我们去呵护的一个奇迹。呵护一个奇迹，呵护自己，也要呵护别人。这样的话关系就重新定位了，就不会再轻易地去欺负、伤害、侮辱他人了。从生命教育角度，也可以给校园欺凌问题一个解决的新视角。

人们陷入了一个误区，小学生、中学生，尤其是高中生，他们把考上好大学，未来能够有好的工作作为人生的目的。其实这样挺片面的。一旦取得阶段性的高考成功，孩子就无所事事了，有些大学生在课堂当中是一种慵懒闲散的状态，就好像没有了魂一样。有的学者说这样的学生变成了"空心人"。因为他把考大学作为自己的"终极目的"了。人生应该有很多目标，考学只是一个阶段性目标，但是人生也不是只有考大学一条路，所谓"条条大路通罗马"，成才成功的方式有很多，但我们的教育很少教给孩子这些。尤其是到了高中阶段，孩子高考的压力特别大，我也曾经受邀去给某学校高三的学生做考前心理辅导，当我讲完讲座之后，就有学生向我诉说："刘老师，我常常很焦虑，我自己内心告诉自己，要这次考不好我 12 年的书不就白读了吗？我老是这样想，致使考试也考不好，生活也过得不快乐。"其实我很理解，很多即将高考的孩子都是这样的心态。所以说当他觉得自己考试的结果可能不如意的时候,他很容易就采取极端方式了,因为获得考试的成功就是他现在关切和在乎的唯一目的。这是需要关注的问题,包括家长也需要反思自己是否给孩子增添了许多压力,做家长的是怎么看待孩子的。希望家长能够把孩子看作他自己的主宰,他有他自己选择的道路,他有他自己设定的目标,这就是孩子生命存在的一种状态。生命教育真的是要帮助人从根本上认识生命是什么,从认识自己的生命和他人的生命的关系的角度,认识生命历程有心酸也有快乐,有愉悦也有悲伤。认识这些之后,我们就能更好地去走完人生之路,所以生命教育在根本上是给予孩子力量。

向阳生长——倔强的小树苗

主持人: 家庭教育中生命教育有哪些着力点呢?

张志坤: 我们平时关心的安全教育问题、心理健康教育问题、环境教育问题、法治问题等,都是我们生命教育的发力点,性健康教育也是其中一个。性健康教育是我国生命教育的主要领域。尤其近几年性侵儿童的案件频发,现在从家庭到学校再到社会,都关心小孩子,教育他对自己的身体要有一定的认知,比如说他知道不知道哪些部位应该是不能被别人看、不能被别人触碰的,这些可能从小就要讲起。家长有时候有一种误区,认为这些事都应该是学校完成的,但是学校的生理健康课又不是从小学开设。现在随着营养状况和社会的变化,孩子们可能在小学高年级的时候,第二性特征就出现了,那么性健康教育有没有跟上呢?有一套系列图书叫作《珍爱生命——小学生性健康教育读本》,这是北京师范大学出版社出版的。刘文利老师带着团队经过几年的研究出版了这套书,这套书已经被学术界、被社会认可,所以家长也可以先读一读，在家庭当中开展孩子的性健康教育。学校也可以把视野打开一些，双管齐下，让我们的孩子从小认识自己的身体，保护自己的身体。这样不单单是在小学和中学阶段，孩子的整个人生都会有很好的个体认知和个体保护的意识。所以性健康教育也是生命教育，更应该是家庭生命教育中的重要组成部分。

刘　慧：生命教育范围很广，可以归为几个大类。第一个是私欲，它是人生的私欲，人从生到死在这个过程当中，怎么去对待祸福得失与功名利禄，怎么去实现人生的价值。第二个就是生死的问题。其实对这个问题，中国传统文化的认知中有些许避讳，认为"未知生，焉知死"。但是在生命教育当中生与死的问题是一个重要的范畴，死亡其实也使生命有了意义——人生的意义就在于生命是一个线段，它是有限的，只有在有限的时间当中去寻找该做什么，不该做什么，做什么最有意义，人生到最后才可能无憾。

可以从刚刚说的安全的视角来解读生命教育，还有就是从生命本身的视角来解读，认识生命之真，践行生命之善，创造生命之美。再有就是从健康的角度，例如《"健康中国2030"规划纲要》，全国都在倡导健康养老等。还有一个视角，就是从教育的角度去解读。对于青少年来说，生命教育中什么是最重要的呢？简单来总结，应该有这样几个。

第一，就是生命价值观的教育，也就是生命高于一切。从这次疫情我们可以看到，中国的应对如此之好、之迅速正是由于党和国家以及民众"生命至上"观念的落实。而相比之下，西方国家在面对疫情时有很多不良的言论与不负责任的做法，这也让我们看到了对待生命的差异，西方人民的生命并没有被国家管理者放在最高的位置上。生命高于一切，生命教育是非常重要的，只有这样才会去敬畏生命，感恩生命，用力所能及的力量去实现个人的生命价值。

第二，从疫情中也可以看到，"有的人活着，他已经死了"。有的人活得很充实，也有的人浑浑噩噩，也许还养成了不好的习惯。那么这里我觉得不论面对疫情还是从人生的历程来看，对待生命态度的教育很重要，要引导孩子有一种积极的、乐观向上的态度来维系生命的亮丽。并不是要引导人们盲目乐观，而是说生命教育应该能够引导人们看到生命本身的特性或者价值，比如生命它是具有向上性、向善性的，只要社会大环境好，"树苗"一般很难长坏。关于这个问题，我印象最深的就是在南师大读书的时候，在南京燕子矶有两块高高的石头，其间有一个缝隙，缝隙是弯曲的，一棵大树就长在那儿，并且是顺着这个缝长的，当树苗突破缝隙的束缚之后，就开始笔直笔直地向上。其实谁都想过得好，向上性是生命本身所具有的属性和生存智慧。谁让它这么长的？是它自身。生命是有潜能、是充满希望的，这种希望就体现在只要你给生命以时空，生命就会给你一个奇迹。所以说要相信生命的信念，它不是空洞的，而是生命本身的恩赐，要具有这种生命态度，要积极乐观。

第三，要做生命教育，那就要处理人与生命之间的关系。虽然有很多的道德规范，比如人际道德、人与自然的关系应该怎么协调等，但这些都不能完全应对人和生命的关系。我在研究的时候，提出的一个概念叫"生命道德"，生命道德核心就是关爱生命，那么什么是关爱？关爱生命的落脚点就是不论生命是好了还是坏了，是获得能量了还是消耗能量了，是向着希望的方向发展了还是向着人们不想看到的方向发展了，对这些状态都表示接纳和支持，并认为这就是生命自然成就的轨迹。这就能检验爱的真实与否。当然生命之爱还包含了责任、尊重、关心等。

第四，我认为今天谈生命教育的侧重点和着力点，应该是生存力培养。通过这次疫情大家也看到了应对新冠肺炎疫情最好的力量是自身的一种生存力,对内来说就是身体的生命力,对外来说就是适应环境、创造环境,能够和环境共融,并且能够创造一个好的环境。今天的教育,包括家庭教育、学校教育的一个误区在哪儿?在着力训练孩子的文化考试的能力。而缺乏的是什么呢?应对社会考试的能力,应对人生考试的能力。所以生命教育不是简单固定在知识上、课堂上、课本上,而是把它放在社会当中,放在生命的历程当中,要能够应对各种情境,并且能够应对好。所以这次疫情是一次大考,是对人类的大考,中国人今天也可以很骄傲地说"我们有能力来应对一切挑战",这就是中国五千年文化和中国人的血脉中迸发的中国力量的表现。对孩子也一样,他一定要有这种适应力,他要有挑战力,他要有抗挫力,他要获得这种自己一万次倒下,也要一万零一次站起来的能力。生命教育要从价值、态度、道德以及能力上来培养,那样就能全方位地支持孩子的一生。

以"心"换"心"——让我的家充满爱

主持人: 在日常活动中,家长应该怎样对孩子进行随时随地的生命教育呢?有没有当下就可着手使用的办法?

张志坤: 在家庭当中开展生命教育,需要每个人都认真地去经营去打理,实际上怎么做的问题在我看来还是应该回到生活本身。就是它不同于学校,学校是要开设课程和活动的,有教学目标。但不能天天在家给孩子上课,还是要回归生活,在生活当中融入体现和绽放生命教育的内容。所以我个人觉得有以下几个方面。

第一,从家长的角色定位来说,家长首先应该是家庭生活的操持者,应该能够打理自己的生活,能够把这日子过起来。无论是有经验的家长还是年轻家长，可以反思一下，比如说疫情当前，商店关门了，餐馆关门了，吃饭问题怎么解决？原来可以订外卖，可以出去买各种好吃的，现在都关门了，在家是煮方便面吗？是买点速冻饺子吗？这个是不是过日子？生活中衣食住行方方面面，所有的家庭应该是先解决温饱问题，首先需要从吃饱肚子开始。给孩子做饭的话，你用心做和随便鼓捣熟了，那个味道肯定是不一样的。有爱的味道，它会融入一种正能量、一种令人开心的东西在食物里面，孩子吃起来也会开心，也会健康。所以食物里也有学问，也有哲学。

第二，家长应该是家庭生活的设计师。这个家里应该有品位，进去之后让人感到非常温馨，从家庭的色彩、家具布置、环境卫生等所有这些看起来应该有家的温暖。而且我也做过相关的仪式研究，现在叫仪式感。如果家庭在节日的时候、在周末的时候，也有一些稍微设计过的活动，比如说聚餐，比如说家人在一起看一场家庭影院的电影，或者这些都不做，就陪孩子玩一会儿也行。就是要让家庭有色彩，还要有格调。

第三，家长还应该努力成为"游戏王"，努力让这个家庭有趣。孩子总是希望家里人开开心心的，不是天天见孩子就问"学习了吗？""练琴了吗？"这种任务性的话。孩子需要家庭有游戏感，爸爸会讲故事、会说笑话、会表演、会带我玩，妈妈也会这样那样。家里应该有乐趣，父母应该去培养自己的兴趣，如果父母很无趣，家里边死气沉沉，孩子看到爸爸玩手机、妈妈买东西，孩子也会坐那儿除了自己待着看电视就没有事情干。

第四个我认为比较难，就是父母应该成为"哲学家"。理想的生活应该有智慧，生活的智慧是一个非常复杂的问题。比如说疫情当前，大家都在紧张，我们家里是不是也应该一样，天天紧张兮兮、愁眉苦脸。如果家庭遇到些问题，比如说父母的事业出现了问题，比如说家庭成员有人生病，甚至有些变故，如何来渡过难关？我觉得家庭当中可能还有一些考验性的东西，这时就要考验家长的智慧了。所以我认为家长角色非常重要，他应该是多面手：他既是操持者，又是设计师；他既是"游戏王"，还是哲学家。

刘　慧： 今天的家庭教育，要以生命教育为核心，要把它放在意识的层面，要经历或者学习生命教育，家长要提高自身生命教育的意识和能力。最关键的是家长要有正确的生命价值观，认识到孩子是父母所生，但他不是仅属于父母的，他是一个独立的个体，一个独立的生命。所以在我们今天的法治社会，即便自己的孩子是个"逆子"，我们也不能"大义灭亲"，要走法律的程序，任何人不能也无权剥夺他人的生命。生命是平等的，每个孩子和父母都是独立的个体。除此之外，每一个人都要只做自己，这也是新型的家长观，我们只能做自己，孩子也只能做他自己，现在好多悲剧也是因为家长把自己的愿望强加在孩子身上，孩子自己不能做到，外界就逼孩子去做，那怎么可能做成功呢？所以要建立一种新型的亲子观、平等观、尊重观、独立观，这个是很重要的一点。

还有就是成才观。父母都说"望子成龙"，但是每个孩子都有显示出来的遗传性，他有他的表现性，他在他后天的环境当中，将遗传和环境的作用呈现出来而表现出自身的一个状态，所以家长只需鼓励他，只能期待他做他自己。

那再有一点呢，我要谈家庭生命教育很重要的是陪伴，陪伴的结果可能是很多家长都要"疯掉"了，只有每天在家里陪着孩子，家长才知道学校有多好，把孩子送去学校后自己有多自由多解放。但另外一个问题，今天孩子成长的过程中缺少的是什么？缺少陪伴。但是什么是陪伴？有形式上的陪伴，也有实质上的陪伴。我们可以看到父母这边拿着手机那边拎着孩子，孩子在干什么，家长根本不知道，这种现象在车上、在街上随处可见，在形式上是陪伴了，但好像实质上却没有。其实我在谈的是有效陪伴、用心陪伴，就是说要关注孩子的感受，在跟孩子相处的时候，要把自己的生命力传递给孩子，你对生活的热爱，你对周围的关心，你对他的期待，把这样的一种生命的力量传递给他。家长用自己的生命力感染孩子成长的时候，其实家长心里头也是满满的欢喜。

今天在做家庭中的生命教育时还有一点很重要，就是家长要做榜样。榜样的力量是生命能量的问题，家庭一定要建成一个正能量场：孩子在父母的身上可以看到怎样应对挫折，怎样去开拓；在这次疫情当中，怎样去按部就班、有序地做事情；在面对艰难困苦的时候，怎样去调动力量；在灾难来临的时候，怎样才能够泰然处之。我觉得这些都是在给孩子家庭力量，给孩子榜样的力量，这也形成一个正能量场。

最后，我觉得对于家庭来说，一定要学会营造家庭的共时美——共同在一起的一种美好，让这个家能够成为不论孩子走多远，心里都牵挂的存在。只要想起家就是温暖的，遇到了挫折，我哪儿都不能去了，但是我可以回家，我可以回家储蓄了力量之后再出发。孩子发展好了可能你不用来找我，但你有困难了可以马上来找我，我也许不能给你很有针对性的建议，但是我可以做一个倾听者，我会让你知道你还有一个最可靠的、永远都不会垮掉的、支持你的家，你永远是父母的宝贝。那这样的话孩子就会有力量面对人生的各种困难险阻。我们可能把孩子的成长想象得太好了，想象他不受任何的困苦，其实这可能是害了他。因此在这儿给他一个这样的港湾，让他有力量再出发。也就是建立一种重生存的慈爱的亲子关系和家庭关系，让家庭成为生命绽放的一个源泉，一个能量场，一个助力器。

张志坤： 我觉得一个生命奇迹般地降临到一个家庭当中，在这里生，在这里长，从这里走向社会、实现人生梦想，可以看出家庭生活对一个人的影响是非常大的。作为父母都希望给孩子注入一些东西，注入什么呢？我们最朴实的想法是希望孩子成为一个好人、一个善良的人，他可以做不了大事情，但希望他平平安安地过一生。其实父母都有期待。那我们现在可以注入一种能够定义的事情，那就是生命感，或者叫生命的活力、生命的奋斗力，能让这个孩子在遇到快乐的事情的时候，知道开心地大笑，当遇到困难的时候，知道内心会有一种能量，而这种能量是家庭注入的。所以希望生命教育在生命的源头浇水，在家里边浇灌，在家里边去注入生命的活力，那么这孩子一生都不会孤单，都会有力量，都会走得很好。所以在家庭当中开展生命教育，是一件非常重要的事情，让孩子不论是在家还是到社会上，都会找到自己的位置，都会为别人做一些事情。

家长感言

家庭生命教育的重要性在于为孩子的生命健康成长提供有效支持，除有形的物质能量之外，还有无形的精神能量，比如说父母榜样的力量、家庭的氛围、家风家训以及家族的传承等。因此，我认为生命教育是从根本上给予孩子生命健康成长的能量。孩子的生命是父母爱的结晶，是一个家庭共同培育爱的结果。要教育孩子珍惜生命、爱自己！同时，要培养孩子推己及人的能力，当他看到别人受伤害，看到别人痛苦的时候，他应该萌生同情心，有恻隐之心，这样他才不会去伤害别人。让孩子知道一个生命来到世界特别不容易，每一个生命来到世界其实就是一个奇迹。我们呵护每一个生命的奇迹，呵护自己，也要呵护别人。另外，我们作为家长，需要经常与学校沟通、与孩子的班主任和任课老师沟通，家校携手共同培养全面发展的好孩子。

贵州省黔西南州丰都中心小学　黄××家长

通过观看视频，我深深体会到"十年树木，百年树人"，教育孩子就得从根开始，而家庭教育就是孩子立足社会的教育根本，作为父母，要学会专业的家庭教育理念和教育方法，让原生家庭影响孩子今后能够向更好更高的方向发展。国家对教育越来越重视，这场疫情确实让我们的生活发生了很多很大的变化，也让我们思考和审视在我们的人生当中什么才是最重要的。生活需要有一个好的心态，我们家长能做的，就是教育孩子学会感受美好，学会感恩，学会爱——爱人，爱己，爱社会。

贵州省六盘水市第四实验中学　付××家长

我有幸观看了"家校共育，立德树人"家庭教育公开课，认识到了对孩子进行家庭生命教育的重要性，同时学到了一些对孩子进行家庭生命教育的方法。首先，刘慧专家向我们讲述了家庭生命教育的重要性在于为孩子的生命健康成长提供有效正能量，我认为精神方面的正能量，可以结合生活中的小事，随时随地地传递给孩子。其次，我认为最重要的一个方面是关心孩子身体健康的同时，更要尊重孩子的兴趣爱好。最后，生命教育的主要目的是帮助人从根本上认识与理解生命是什么、生命的特性有哪些，从认识自己生命和他人生命的关系角度，来认识生命历程和人生的酸甜苦辣、进退舍取，走好人生之路。所以生命教育从根本上是给予孩子生命健康成长的能量。

辽宁省凌源市实验小学　赵××家长

专题二
家校社合作——培养好孩子、好学生、好公民

专题导语

  各个家庭的生活环境千差万别，家长的教育理念与方式也各有不同，但家长、学校、社会希望孩子健康成长的愿望是相同的。家校社合作就是希望家庭教育与学校教育、社会教育形成合力，互相配合，针对每一位孩子的实际情况进行引导，给予孩子更多的关心，让孩子充分感受到来自家庭和学校的关爱，让孩子享受到教育的快乐。家长、学校、社会如何合作？各自要承担哪些责任？又分别有哪些着力点呢？本期专题即以文字转录形式收录了来自首都师范大学学前教育学院院长康丽颖教授、北京第二实验小学芦咏莉校长及首都师范大学教育学院张爽教授关于上述问题的分析与讨论，希望通过专家及一线校长的智慧点拨、案例分享及科学建议等方式给予广大家长以启发与思考。

专家简介

康丽颖，首都师范大学学前教育学院院长，教授，博士生导师，首都师范大学家庭教育研究中心主任。对青少年校外教育和家庭教育具有较深入研究，曾主持"十二五"校外教育规划前期调研及校外场所基本资料整理及"互补视角下的未成年人思想道德建设研究""北京城乡接合部基础教育发展与小城镇建设关系的社会学研究"等10多项省部级科研课题。曾在《教育研究》《比较教育研究》等刊物上发表学术论文50余篇，参与主编《家校共育指导手册》（4本）、《预防闲散未成年人违法犯罪研究报告》及《新发现：当代中国少年儿童报告》等多部著作。

芦咏莉，发展与教育心理学博士，北京第二实验小学党委副书记、校长。2019年由人力资源和社会保障部、教育部授予"全国教育系统先进工作者"荣誉称号。拥有20多年一线教育工作经历，曾发表数十篇一线教育研究随笔，被誉为"学者型校长"。她将所学专业知识倾注于小学教育实践，为践行小学教育育人"三个一"——一副健壮的身体、一颗发达的头脑、一个胸怀家国天下的梦想——这一纯粹而质朴的教育理念而不断奋斗。

张爽，首都师范大学教育学院教育经济与管理研究所教授，博士生导师，青年燕京学者培养对象。曾发表《基础教育集团化办学的模式研究》《学校变革中的校长领导力》等多篇论文、专著，主持完成了全国教育科学规划教育部重点课题"中学校长领导问题诊断与校长领导力提升研究"、北京市社会科学基金基地项目"城乡学校一体化管理改革评价研究"、北京市教育科学"十二五"规划重点课题"北京市基础教育公立学校教育集团管理机制研究"等。

Hi！当心被"叫家长"

主持人： 学校通常会在哪种情况下联系家长？家长和老师关注孩子的侧重点有什么不同？

芦咏莉： 对于学校来讲，大约在四种情况下会主动联系家长。

第一种情况是孩子遇到了安全问题。比如说生病，或者孩子磕着碰着了，在这种情况下一定会联系家长。

第二种情况是孩子在社会交往中出现行为问题。比如和其他孩子有冲突，或拿了别人的东西，更有甚者"口出狂言""大打出手"伤害了别人，等等，也就是我们常说的孩子的道德行为和社交行为习惯问题，我们学校会认为这是必须要跟家长沟通、家长必须知晓的事情。通过学校与家长沟通，家校就形成了合力。

第三种情况是学业。在正常的班级授课学习的过程中，老师发现了孩子的学业困难，比如最近听讲总是注意力不集中，作业总是交不上等跟学习有关的问题，一般来讲，这个时候学校都会主动联系家长进行家校合作。

家长可能会发现我们老师和家长联系好像都是因为孩子有不良情况，所以在我们学校除通常问题导向的联系之外，我们还会有喜报。在某些活动中我们会发现有适合某些孩子的舞台，所以有恰当机会的时候，我们也会推荐给家长，然后邀请家长和老师一起来设计，让孩子在这个机会中能得到更多的发展和成长。比如说我们会有演讲比赛和"精彩的两分钟"朗诵活动，还有主题研究课、读书节和戏剧的表演，等等。

第四种情况就是我们发现孩子进步非常大的时候，我们会在孩子有比较大的转变的时候联系家长。

当然，我们可能还会有一些常态化的联系。比如我们学校开学的第一周就有家长会，所有的家长可以通过家长会去了解学校的办学思想和校园活动设置。这属于一种信息沟通，大家更多的是在分享。我们有时候也会发现一些非常好的家庭教育的案例，也会请这些学生的家长到学校来分享家庭教育经验。有家长是从事国家安全教育工作的，可以通过家长分享活动告诉学校里的孩子怎么跟陌生人打交道，怎么保护好个人的隐私等。我们会主动跟家长联系，请家长到学校来担任类似于学生辅导员的角色。

康丽颖：和学校老师相比，家长关注孩子的方面相对更广。比如日常的饮食起居、孩子的身体发育情况和是否快乐等。所以家长对孩子的关注既涉及孩子的身体和生理方面，也会涉及孩子的心理方面，还有孩子的社会性方面。孩子的学习是家庭和学校共同关注的。

芦咏莉：中小学家长还是有差别的。因为在小学阶段，孩子在很多事情上很难完全自己决定，家长的关注影响就比较大。但是到了中学不一样了，中学家长想要进学校，首先孩子就不同意，孩子有了自主权。

"养育"和"智育"手拉手

主持人：一般来说，学校更侧重关心孩子的哪些方面呢？

张　爽：我们做过一个研究，结果显示在小学低年级甚至学龄前期，家校合作程度越密切，孩子成长的积极效果就越好。家庭与学校共同关注、共同协作带给孩子的情感安全感、情绪的稳定性等，对孩子的成长来说是非常重要的支持力量。所以家庭和学校在这个关键时间节点给孩子足够的共同方向的力量，对于孩子是非常重要与关键的。

《中庸》里面有一句话："天命之谓性，率性之谓道，修道之谓教。"这句话说明了两个关键的道理：第一，教育要遵循"天性"，即儿童的个性；第二，教育是一个有目的、有计划地开展的活动，尤其是学校教育，它是一个体系，所有的构成都是为了更好地支持孩子在低年龄段能够更好地向上积极成长。除此之外，孩子是灵动的，是完整的，德智体美劳各个方面的发展是一个完整的过程，学校很难只看某一个方面，不重视其他方面。但是学校跟家庭相比，教育的方式方法不太一样。在工业革命之后建立起来的现代学校有一些现代工业主义的痕迹，比如说分类学科、分数评价等，这在一定程度上可能会消减教育本来的意义。我们一方面要充分发挥学校集中的、统一的、有可能的、有计划的、积极向上的支持活动的作用，同时也要尽量增加一些个性化、情感性、稳定性、支持性、联动的集体活动，这样效果会更好。

主持人： 在一个家里，在教育孩子的时候，父母和姥姥姥爷都得一致，先要统一观念，有统一的意见。那家庭和学校就更得统一、一致了。学校给了纲，给了目，给了一个价值体系。到家里之后，家长得用实践来配合学校才可以，不能说在学校老师教育孩子要遵守交通规则，然后回家的时候家长就带着孩子闯红灯去了。所以在孩子面前，学校和家庭一定得是一致的，这样才可以达到效果。还有一个方面就是社会。

张　爽： 我们所说的在家庭中需要父母的"一致"，不仅指父母行为举止的相似，还需要更深层次的价值观方向的一致。但是爸爸妈妈做事方式是可以不同的，爸爸的尺度和妈妈的尺度在某些程度上是可以不同的。除此之外就是隔代抚养的问题，家长需要有智慧地去处理两代人思想观念的一致与不一致。在一个家庭中，倡导的文化道德观要一致。但是我们与上一辈人在处理具体问题时的方法是不一样的。同理，社会也是这样，有的东西非常有刚性，但有的东西它可以灵活。所以我觉得可以有所不同，这样才能让家庭成员之间相处起来更自在。

芦咏莉：同样的道理，家庭和学校也要有相一致的地方。为什么不同的家庭会选择不同的学校？因为学校表现出来的校风和校园氛围不一样。比如有的学校的校园风格就是你只要进入学校，就一定要吃苦。还有的学校的校园风格是一定要让孩子在学校体验快乐。如果家长选择了快乐为主导的价值观，那家长在选学校的时候其实选的是学校基本的办学理念。但是在具体操作中，家庭得承担家庭的责任，学校得承担学校的责任，所以，"家庭和学校要一致"的观点，有的时候人们会认为就是完全要一样，我觉得那也是不可以的。

康丽颖：实际上，我个人认为从教育的目的和目标来讲，家庭、学校、社会是一致的，即促进儿童成长。换句话说就是让孩子在家做个好孩子，在学校做个好学生，在社会上做个好公民。在育人目标方面没有区别，但在方式方法上确实是有差异的。我觉得家庭的侧重点是养育。养育抚养是人和其他动物都有的，但是人还有一个培养的任务，培养是社会属性的，是按照家庭的习性或者家庭的文化，同时也按照学校和社会的要求去培养自己的孩子。家庭教育广义上是家庭社会教育，是对家庭所有人进行的教育。比如说怎么做父母、怎么做孩子，怎么做丈夫、怎么做妻子，怎么经营好自己的家庭。但是现在一般说的是狭义的家庭教育，就是父母或者年长一代怎么去影响和教育自己的孩子或后代，这种影响和教育在日常生活中实际上是潜移默化的。社会性的培养是一种有目的、有方向的培养，比如家长希望自己的孩子将来能够做一个对社会有贡献的人，将来过上体面的生活，将来是一个身心健康的人，那么这种社会性的培养跟学校教育和社会教育就是相通的。

　　除此之外，我个人认为家庭养育应该把握好三点。一是要"顺势而养"，根据孩子不同年龄特点和个性差异，在孩子生理成长的基础上，把孩子养好。比如有美国学者做了一项大规模的社会调查，研究发现 0～4 岁是孩子语言发展的关键期，在 0～4 岁的孩子面前，父母每天说很多话的、使用的语言比较丰富的，与一些忙于工作或照料孩子的时候也不怎么与孩子说话的父母相较，他们的孩子接触的词语累积次数相差了 3000 万，那么孩子后天发展的自立、学习能力、学习品质都受到很大的影响。所以养育需要家长根据孩子不同的年龄阶段特点，把儿童发展的关键期把握好。

　　二是要"乘势而育"。比如说我们觉得孩子好像还小，他听不懂什么，其实不是这样。家庭能够给孩子提供丰富的文化环境和文化刺激，这些都关系着孩子的发展。比如说儿童喜欢模仿性学习，那么如果父母提供一个正面的形象，这个孩子就会见样学样。家长要提供一个完全正面的示范，比如说父母稳定的情绪、稳定的态度、满满的正能量，这些对孩子来讲都是积极示范。

　　家庭养育的第三个很重要的点就是"纠偏而行"。孩子在成长过程中会出现一些行为问题，那么有问题父母一定要及时纠正。适当的管教是必要的，但现在我们很多年轻家长在管教孩子的技巧和方法方式上是缺失的。年轻的家长总觉得"我一管，这孩子创造力就没了"，但实际上"约束管教"和"影响孩子创造力"是两个范畴的。当然，因为人是社会性的人，要懂社会的规则。但是创造力和社会规则并不冲突。其实创造这个词有两个核心点：一个是新颖，一个是有价值。如果不懂规则，只是新颖了，但是对别人构成了伤害，这个不叫创造，而叫"臆造""乱造"。所以现在我们家长一定要意识到孩子在成长的每一个阶段，在家庭养育的每一个环节中，孩子的行为、心理或身体出现问题，一定要去矫正、纠正。所以家庭教育最关键的就是"顺势而养""乘势而育"和"纠偏而行"。

芦咏莉： 我们学校有一位特级教师，有一次他跟我们分享了一个案例。姥姥带着4岁的外孙看电视，一看时间到该睡觉的点了，就赶紧对孩子说："孩子，该睡觉了，咱们不看了。"这孩子听到这句话后突然发脾气说："姥姥你真讨厌，你滚开，姥姥。"老人听后并没有马上火冒三丈，而是主动坐在孩子旁边，和孩子说："小宝，你看着姥姥。你是不是特别喜欢看这个电视里的动画片？"小宝说："是，我特别喜欢。"姥姥继续说："那你知道吗？你要想继续看电视，要跟我协商，你要说'姥姥，我特别想看电视，我能不能再看5分钟？10分钟？我明天早睡10分钟，也就是我明天少看10分钟'。这就叫协商。但是刚才你为了达到这个目的，说讨厌、滚，这叫什么？这叫任性。所以你以后再遇到想要做什么但别人还没同意的时候，如果你永远是用任性的方式来表达，那么你记住，我们都不喜欢，你没有做成这件事的可能性。但是如果你静下心来，像我刚才说的那样，用协商的方式，这个事可能就能成。"后来这位老师在跟后辈老师交流的时候，他就讲到这种事情可能每天都会发生，但是不同的父母处理方式就不一样，有的可能就单纯地呵斥一句"不行，你怎么能这样？这还管不住你了，你还想翻天了"。

其实家长很多时候并没有教给孩子去看问题本质，没有教孩子应该怎么处理问题，甚至在孩子0~4岁的时候，没有教他如何去与别人交流、如何去表达自己的想法。如果这些意识与能力都没有的话，那你就会发现差别一天一天地被拉大，这也就回答了为什么人家的孩子就是那么优秀。所以我们无论是要"顺势而养"还是要"乘势而育"，都是这个道理。

校园大事——家长早知道

主持人： 学校在日常跟家长沟通的时候，该怎么引导家长为孩子做一些事情呢？

芦咏莉： 我们学校在开学第一周的周五下午是必定要开家长会的。我们在家长会上，会将学校一个学期甚至一个学年的蓝图都跟家长说清楚。我们学校还会在第十周或第十二周的时候再给家长做中期目标实现情况的反馈。具体来说，比如我们学校教务处规定三年级的孩子需要会认会写的汉字数量是多少，如何检测孩子已经会写这些字之类的目标，假如孩子在三年级没有做到在一分钟内正确流利地写出20个字，那么孩子现有的水平依照标准来说达到了什么地步，我们学校会统合整理出一份报告告知家长。这种目标与评估的做法实际上是给学生学习规划的任务总要求。同样，学校除了学业要求，也会规定学生在一年级时要掌握的基本自理能力。到了高年级后在社会交往方面又会增加技能目标。除此之外，学校会留出幅度值，因为不同孩子的发展是有个体差异的。对于校园发展大事，学校也会出一份简报，例如未来几个月会有哪几个校园活动等。那这个时候，家长就需要选择参与哪几个，提前跟孩子设计参与项目。家长自己工作的时候都知道要有规划，如果家长能把同样的方法用在教育孩子上并跟学校做好配合，就会发现与学校合作育人是事半功倍的。

康丽颖： 对于学校来说，这不是在给自己增加负担，而是给自己的教育寻找力量。

张　爽： 开展家庭教育指导工作确实是这样。家长得是我的合作人，是我的"同伙"。孩子发展的每一个阶段，学校需要告诉家长，学生现在的特点是什么，学校教育的基本育人目标是怎样的，学校将如何与家庭形成合力。我觉得作为家长其实要非常理性。这种理性体现在哪些方面呢？有的家长可能会认为我现在花了很多钱给孩子购买服务，那你自然就应该给我回报，你要对得起我花给你的钱。这是一种不理性，会让孩子有一种不安和内疚的感觉。我花了这么多钱给你，如果你还不行的话怎么办？他会认为这是一种交易。第二种不理性就是大概只看到了硬性的指标是什么，但是没有看到背后孩子达成这个硬性指标的路径是不同的，每个孩子的特点是不一样的。有的孩子可能是逻辑思维相当发达，有的孩子可能是形象思维比较好，那么他们达成同一个目标的方式方法，需要家长去研究。老师每天要面对几十个孩子，家长要自己关注。不是只看别人家的孩子到哪儿了，而自家的孩子没到，就只是强力去给孩子一种压力，我觉得这可能就会很累。

康丽颖： 家庭、学校和社会共同培养孩子的核心点是孩子的成长。刚才姥姥给外孙讲道理的案例中，就是育儿专业能力很强的家长，在教育孩子的问题上，没有去打压和武断地批评孩子，而是客观地告诉孩子这件事合理的解决方式，给孩子的成长提供了理性、有力的支持。家庭和学校还有社会的关系越和谐越好，而和谐一定是有利于孩子的发展的。

家长 VS 教师：针尖对麦芒？

主持人： 在现实中，有没有家长会认为老师管得不够，或者管得太多？

康丽颖： 在实践中碰到过这样的案例，有的家长就抱怨老师让低年级孩子用直尺画等号。我认为作为家长，质疑教师职业的专业性是不合适的。因为这是属于必要的规范训练，不仅仅是横平竖直的训练，实际上是在培养孩子严谨的态度，做事认真的能力。但是很多家长意识不到这一点，所以我觉得学校和家庭在合作的时候，学校要有一种专业的坚守。老师要引导家长理解学校教育要求之于儿童成长的意义，帮助家长学习科学养育的知识，逐步形成科学养育的能力。

  我再来举一个我自己经历的案例。我上学比较早，精力总是没有别的小朋友足，尤其是上课的时候，我总是犯困。犯困的时候，班主任会走到我的面前，敲一下我的书桌，我就意识到我得自觉地去过道站一会儿让自己精神精神。什么时候站得不困了，我再回去继续听课。我并没有觉得老师这种行为对我有心理上的伤害，后来我就形成了一种自觉。包括我在上大学的时候，如果上课的时候困了，我还会自觉地去过道站一会儿。我觉得这样的教师管理是让我的心里有了更多的弹性，既没有让我丢失面子，也让我继续有精力听课。我的同学们会问："老师这样做你能接受吗？"我说："挺好的，我站起来。这样就更加精神。现在困了可以喝咖啡，那时候没有这个条件，只要犯困，你就去过道站一会儿。"所以我觉得对于老师必要的惩戒，家长需要理解，因为老师是为了孩子能获得更好的进步。不仅纠正孩子一些不好的行为，其实也对他的心理发展非常有价值，让孩子有更多的承受力，也让他心里有弹性、有韧性。

芦咏莉：作为一线教育工作者，我愿意听到各种不同的声音，特别是家长的反馈。但是有一部分家长或老师存在一个问题，就是把个人对教育的理解绑架成为所有人都要接受的。

张　爽：我最想说的就是"走得再远，不要忘了为什么出发"。家校社真正的最终目标就是孩子更好的成长。家长也没有必要把学校放在对立面，总是挑战较劲，其实这个真的没必要，而且没有意义，它只会给孩子带来更大的"撕裂感"，会让孩子无所适从。所以从这个角度来说，一方面教师要不断地提升专业水平；另一方面，家长也需要尊重教师工作和教师职业的专业性。我觉得这一点非常关键，这也是一种理解与合作。

芦咏莉：在某些时候，老师做的不被理解，或者有老师做的确实不合适的时候，一些家长就咄咄逼人，完全得理不饶人，家长给行为失范的教师施压，逼着教师向家长去下跪，在那一刻我很难过，不只是因为同是教育人和同行而难过，而是对一些人缺乏对教师的尊重而难过。认为一个老师做得不好，只是这个老师的某个行为不到位或者不合规范，就等于这个老师全部的行为都是不好的。某个老师做得不好，不等于教师系统都是不好的。所以这件事情一出来，我觉得这是一种悲哀，在孩子很小的时候，家长就把不尊重甚至仇恨仇视教师这个行业的种子种在了孩子的心里。如果所有的家长未来都这样做，很难说将来社会会怎么样。要求教师给家长跪下，这样做是没有未来的，将来是要跟祖宗忏悔的。如果与教师有冲突，就要考虑怎么去修正，怎么做得更好。当然对老师的惩戒权也应该有约束，老师要有边界意识，不能越界。只要没碰到这个边界，我们就需要加强家校的沟通理解，然后共同来建设美好教育生态。因为我们有一致的目标，我们的行动都是为了孩子好，不管是家长还是老师都是这一个目的。有意见不是不能提，但一定要合情合理。例如有的家长认为因为我家孩子最近长身体，他需要加一顿餐，就要求提高整个学校的伙食配额，都来加餐。有意见可以提出来，我们有家委会，可以向家委会提意见。如果家委会发现80%的家长都觉得孩子在这个时间是应该加一顿餐的，是不是学校可以考虑。再者家委会说80%的家长都说这个课外活动时间应该延长一下，是不是学校也可以考虑。而不是说因为个人想法和行为，就要求所有的孩子都得一样。只有抛弃自私与自我，才能建立一个以问题为导向，解决问题的良好沟通机制。

张　爽：对于教育人来说，其实家长提这样的意见对学校是好事，是帮学校办得越来越好，关键还要看家长的立场。

康丽颖：实际上，家庭是一个私人领域，每个人的需求可能都是个性化的，或者有独特性的特点。而学校是一个公共领域，那么两者相遇的时候就是一对多的关系。学校已经尽可能通过多种形式来满足，或者说了解不同类型的家长的需要，尽可能提供多元化的支持，这已经和我们读书的时代不一样了，已经迈出了很重要的一步。那么在这种情况下，我觉得家长要理解。我也走过现在很多年轻家长走过的路。当我们个人的一些想法和学校不一致的时候，家长要跟学校沟通。家长要有一个主动地跟学校沟通的心态，家长既不是旁观者，也不是惹是生非者，而是一个参与者、共同的合作者、积极建设者。当然，更不是一个挑战者，老去挑战学校的底线，为个人的诉求满足获得一些条件。

张　爽：家长一定要时刻牢记自己在家庭教育中的主责是培养孩子做人。不仅要培养孩子学业成绩好、手工作品好、钢琴弹得好，更要家风好、家教好，家风影响的是孩子的人品，他的气质和他的修养。家长不能越权"伸手"把孩子本该自己拥有和主导的成长过程给替代了，这一点很重要。同样家长也要认识到学校、老师是对孩子进行专业的培养，是有计划、有目的的系统的设计。学校教材是国家组织众多权威教育专家一起去研究、探讨、总结出来的成果。家长要了解，孩子的成长过程是按照教材规划与实践安排，一步一步走向"深刻"和"系统完善"的过程。这个过程不是一蹴而就的，而是日积月累的。家长总是用自己现在的经验去评判孩子当前的任务和作业，我们都已经是成年人了，用成年人的思维方式去评价小学生的作业是不太公平与合理的。让孩子完成正常的学习作业主要是学校的任务，家长与孩子在一起的时间有限，家长要明白自己该做什么、不该做什么，不能"越俎代庖"。把这个分清楚，家校合作的效果可能就会好很多。

康丽颖：习近平总书记讲家庭教育最重要的是品德教育。那么品德教育应该考虑哪个方面？比如孩子从小的时候应该让他学会独善其身，就是平时说的"私德"——"人人独善其身"谓之私德，"人人相善其群"谓之公德。"独善其身"就是小孩很小的时候，就要学会"自律"。有一个高校的法律专家,他的女儿有一次想要在商场买玩具,但是爸爸说:"你有同类型的玩具了,这次就不给你买了。"女儿的需要没有得到及时满足,就开始在商场撒野,号啕大哭,以此作为对爸爸的抗议和威胁。爸爸也很心疼孩子,但是特别理性,就安静地把孩子带回了家里,当然这孩子一路上都在哭泣,等到家的时候,爸爸说:"你现在可以尽情地哭,但是不能妨碍别人。"然后爸爸就把房门给关上了。后来孩子也觉得哭是没有作用的,就从房间中跑出来说:"爸爸,我们商量商量吧。"这样的亲子案例实质上反映了孩子在小时候不太知道对错,也没有很清晰的道德意识,但家长必须引导孩子知道这个行为应不应该,需要合不合理,能不能够被满足。合理的需要家长应该满足,但是不合理的需要就不能满足。还有就是要教会孩子不能以威胁的方式逼迫父母,父母要有坚守,要帮孩子学会自律。除此之外还有"利他",比如说在我们家庭中就有一个规则,就是好东西绝对不能自己独享。最后还有一个"相善",就是让孩子知道怎么样去帮助别人,自己内心还能够获得满足和愉悦。换句话说,让孩子知道做什么是好的,什么事情是既利他同时也让自己心里愉悦的。这些就是父母要有意识地告诉孩子的品德教育。

社会大课堂——我的实践能获奖

康丽颖: 实际上无论是在家庭、学校,还是在社会上,培养孩子的目标应该完全一致。在学校,教师要告诉孩子得做个好学生;在家庭中,父母也得告诉孩子要做个好孩子,在社会上得做个好公民。我同样认为,要帮助孩子在三个教育空间中扮演好自己的角色。在家做一个能够增进家庭幸福、让家庭更和谐的好孩子;在学校做一个德智体美劳全面发展的好学生；在社会做一个遵纪守法、能够促进社会和谐的好公民。这三者应该是兼顾的。

张　爽：社会教育其实是一个非常广泛和深刻的概念。从广义上理解，社会上有意识地去支持社会成员发展的活动都叫社会教育。狭义地讲，可能就是那些除学校和家庭之外，有组织的、能承担教育功能的机构，比如博物馆、音乐厅、教育实践基地等。我大概在前年的时候帮北京市教委做过一个政策咨询报告。在报告里有一句话我非常喜欢："用整个城市的力量办教育。"

康丽颖：我想到一个合作育人的好案例。北京第二实验小学的孩子自发地做了一个社会调查，小学生自发地站在某个路口数这一天有多少车从路口经过，后来得出一个结论：每当尾号4和9的车辆限行那一天，这个路口的车流量就更大，相应地，路口就会更堵一些，说明现在车辆中尾号4和9的车比较少。所以孩子就写了一份报告给市政府交管部门，建议之一是今后摇号的时候增加尾号是4和9的车牌，这样就能长效地缓解现在的拥堵状况。我听到这个事的时候觉得特别震撼，这竟然是一名小学生做到的事情。

张　爽：他的论文在申报了西城区青少年科技创新大赛的众多作品中脱颖而出。

　　北京第二实验小学的课程是非常通达、非常灵活和开放的。所以孩子在这个过程中除了体验课程，更重要的是作为一个小公民的社会责任感得到了激发。另外，现在北京的很多博物馆和音乐厅也开始有这样的意识了，他们联合北京的中小学开发了很多很好的校外课程与实践活动。而且这些年博物馆的变化其实挺大的，原来我们去博物馆就是作为一个旁观者来参观，但现在博物馆给孩子们提供的互动性、教育性和表达自己、展示自己的机会越来越多，真的很好。

　　这其中隐含着很关键的一个词"生态"。生态它一定是多元的、互动的、有机的，它非常强调关系的建设，而教育就是在讲支持的关系。

芦咏莉：关系的稳定还需要"契约""规范"。假如我们没有规则，没有约定，就不叫"教育生态"，就没有办法可持续发展。所以我们提的第一点想法就是要尊重"教育生态圈"原汁原味的真实的生活，并把它作为教育素材。第二，要把它叫作"教育生态引导圈"。圈中的每个成人都应该知道自己是在跟未成年人打交道，言谈举止要起到引导和帮助未成年人的作用。在学校，学生不可以不尊重保洁阿姨和保安叔叔，如果他们有不尊重的行为，圈中的成人是有权力去制止学生和劝导学生的。

张 爽：家校共育最重要的问题是首先要有一个基本的判断，教育首先是家庭的事情，所以家长的教养方式其实更重要，其次才是学校的育人作用。所以我觉得家长首先自身要正，家风要好，那么才有可能继续把孩子推向更高更远的地方。而且每一个孩子都是活生生的独特的生命体，要尊重孩子，敬畏教育，尊重教师专业。

芦咏莉：我认为教育是一个不断地自我修炼的过程，尤其当家长面对孩子的时候，孩子的一言一行就像一面镜子，折射出来的是成人的世界和成人的社会，还有成人的家庭。所以教育过程是一个不断地让家长自我修炼的过程。如果家长们有了这个认识，我相信一切都好解决。

康丽颖：家庭、学校和社会对于孩子成长而言，要承担共同的责任，而且要采取一致的行动。家长要伴随孩子的成长脚步不断地通过学习和反思去完善自己。每一对父母都要意识到家长即教育者。套用大家经常说的一句话就是："孩子们在哪里，未来就在哪里；孩子们是怎样，未来就是怎样。"所以每个孩子不仅是一个家庭的孩子，更是这个社会的孩子。不管是家庭、学校还是社会，我们的目标都是一致的，都是为了孩子健康成长；我们的责任也是一致的，都是为了帮助孩子有更好的生活与进步。接下来就是家校的步调得一致，做法得一致。我们希望不仅仅是学校和家庭，最好整个教育生态圈的做法都能够是一致的。

家长感言

看完家庭教育公开课这一期节目，其中令我印象最深刻的是，家庭教育需要做好三件事，"顺势而养""乘势而育"和"纠偏而行"。首先教育要"顺势而养"，尊重孩子的天性，采取适合他们的养育方式。我家的孩子是男孩，对游戏天生比较着迷。我们没有简单粗暴地要求他不能玩游戏，而是帮助他建立起适当地玩游戏的习惯，这样既避免玩游戏成瘾，又不压抑他的天性。然后是"乘势而育"，根据孩子身心发展的阶段特点，捕捉最好的教育时机进行积极引导。孩子在小学阶段培养了良好的阅读习惯将受用终生，男孩子通常比较喜欢漫画，我们就从漫画入手，培养他的阅读习惯。最后是"纠偏而行"。我并不认为父母会一直是孩子人生道路上的指明灯，但父母对小学阶段的孩子发展中出现的问题还是要必须及时纠正的，教育要在爱和约束之间达成平衡。

广东省佛山市实验学校　徐××家长

家长要尊重学校教育的专业性，理智看待老师对孩子的要求对于孩子成长的意义，正确对待学校布置给孩子的或者希望亲子共同完成的作业，积极配合学校和老师，形成家校教育的合力，促进孩子成长。陪伴孩子动脑、动手完成作业、作品的过程所产生的教育意义，远远高于一件成功作品的价值。要理解孩子的多样性和个体差异，不要急功近利，把不应有的压力和不正确的价值观带给孩子。

家长们可以根据自身的情况选择适当的渠道去提升自己教育孩子的水平，比如通过此次公开课的学习，反思、改进自己对孩子的教育方法。尽可能利用周边的社会资源，发挥好在家庭、学校、社会教育生态圈的积极作用，从而让我们的孩子拥有更健康、更丰富、更温暖的"社会育人大课堂"。

山西省长治市平顺县青羊小学　王××家长

专家亲切的话语、缜密的分析、中肯的建议和专业的指导使我们受益匪浅！孩子健康成长、学业有成，是每个家长的心愿。但因受教育程度、"三观"以及自身素养等因素的不同，导致了家庭教育的差异。我认为，无论是孩子的父母，还是我们这种爷爷奶奶辈的隔代亲属，都一定要把孩子的品德教育放在首位。家长也是教育者，自身要正，家风要好，不但要与学校保持行动一致，在伴随孩子成长的过程中，还要通过不断学习、反思去完善自我，跟上时代，而且要充分信任学校教育的专业性，及时沟通，彼此尊重。真正做到"顺势而养""乘势而育""纠偏而行"。

重庆市大足区龙岗第一小学　谷××家长

专题三
合理使用手机——做网络世界的高素养公民

专题导语

　　《2019年全国未成年人互联网使用情况研究报告》显示，2019年我国未成年网民规模为1.75亿，手机是未成年人使用最多的上网工具，占比达到93.9%；未成年人上网的主要目的是学习、听音乐、玩游戏。作为未成年人的家长，该如何合理地干预和监管未成年人使用手机？如何避免未成年人手机成瘾？如何帮助未成年人提高媒介素养，合理地使用手机、网络来为学习生活服务？本期专题即以文字转录形式收录了来自《父母必读》杂志主编恽梅女士、首都师范大学学前教育学院刘肖岑副教授关于上述问题的分析与讨论，希望通过专家的智慧点拨、案例分享及科学建议等方式给予广大家长以启发与思考。

专家简介

恽梅，《父母必读》杂志主编，北京市家庭教育研究会秘书长。毕业于中国科学院心理研究所，在父母必读杂志社工作近20年，拥有丰富的家庭教育传播经验与前沿的教育理念，积极倡导"自然养育"，长期致力于女性幸福与科学养育知识的传播，并受到广大家长及读者的喜爱。

刘肖岑，首都师范大学学前教育学院副教授。从事儿童发展研究，主要关注大众传媒对儿童发展的影响，主持了国家社会科学基金项目、国家级精品资源共享课、中加学者交换项目等。作为中国妇女发展基金会家庭早期教育公益项目特聘专家，长期致力于学科前沿知识与科学育儿理念的传播。

"空中课堂"宽天下

主持人： 疫情暴发这段时间，很多学生通过电脑、手机、电视在线学习。在线学习有哪些好的地方呢？

恽 梅： 众所周知，新冠肺炎疫情的暴发，改变了很多人的生活方式和学习方式。例如近期非常时兴的学习方式——中小学生在线课堂和"空中课堂"等。很多家长需要和孩子一起坐在电脑屏幕或手机屏幕前，共同面对新的学习方式，大多数家长肯定不适应。但是在不断的探索和实践的过程中，很多有心的家长也发现了在线学习的"新天地"。例如有一位家长，他的孩子特别喜欢做手工，这位家长之前总想着给孩子报一个手工班或者美术兴趣班。结果没想到，家长在"空中课堂"里发现了特别多的手工课程在线学习资源，这些学习资源是他之前从来没有发掘过的，这位家长如获至宝，带孩子一起做了很多有关的手工游戏，亲子关系也变得越来越好了。

刘肖岑： 在线学习有一些很好的地方。比如说它的成本比较低，只要有一台电脑或手机，有网络，就可以接触到网上无限的学习资源，有很多高质量的师资可供选择。与此同时，在线学习的时间和地点是非常灵活的，可以在任何方便的地点，选择自己方便的时间来学习。另外，在线学习可以满足一些学生的个性化学习需求。比如有的学生学习进入和了解知识的速度比较慢，在平时教室里上课的时候，可能有一个知识点老师已经讲完了，他没有跟上老师的进度，那么在这种情况下，在线学习是有优势的。要是一名学生有知识点没有听懂，他就可以点击暂停键慢慢理解，还可以点击倒放键反复地去看去理解。所以在线学习也是有很多好的地方。

恽　梅： 在线课程中有各种类型的学习资源，如果父母有意识地精心挑选，会发现不少适合孩子兴趣发展的领域，而且相对而言投入成本更低。例如儿童手工，家长如果在线下报兴趣班，可能花费不菲。但是很多线上课程都会免费，而且可以无限次地重复回看，对于广大中小学生及其家长来说，确实是一件好事。

相隔屏幕，想要管理不容易

主持人： 在线学习有哪些弊端呢？

刘肖岑： 谈了在线学习的优势之后，要再看一看在线学习的弊端。第一个，就线下学习来说，其实学生在校不仅仅跟着老师学习，同学之间、同伴之间也会相互影响——"比、学、赶、帮、超"也能促进学生学习效果的提升。因为孩子的天性就爱模仿。有一些学生有很好的学习习惯和学习精神，能够在学生之间相互"传递"影响，而且学习氛围本身也是对孩子的一种教育。在线学习可能在这些方面达不到效果。就在前不久我问亲戚家里的一个小学生："疫情持续了这么久，你一直在家，你现在最想谁啊？"他说："我现在最想我们班的同学还有老师。"疫情期间孩子独自在家学习，他们的友情需要确实没有得到很好的满足。第二个，在线学习可能对孩子的视力会有一定的影响。孩子盯着屏幕时间太长，会产生视觉疲劳。第三个，在线学习资源的质量也是良莠不齐的，甚至还有一些资源不适合孩子观看。第四个，在线学习对一些软硬件设备还是有一定要求的，比如很多学生同时在线学习，网络负担过重，家里网络经常卡顿没有信号，那么这时候就会影响学生的学习。第五个，实践技能类的课程，比如说体育课的在线授课肯定没有线下方便。

主持人： 我观察到了这个现象。比如说某小学三年级学生的在线体育课上，老师在屏幕中非常卖力，激情四射地告诉孩子们，你们要做某个动作热身，某个动作拉伸，等等。但学生却在屏幕这边的被窝里懒洋洋的，一动不动。老师也没有办法及时看到这个孩子的表现，更没有办法直接监督和督促他。除此之外，我关注到很多山区和农村地区的孩子因为网络没有覆盖到，这些孩子上网课还需要长途跋涉，要么走到村委会去上网课，要么只有爬到山顶上才能接收到网络信号。虽然社会很快关注到了这个问题，也帮助贫困偏远地区的学生安装了无线通信设备，但这些都是在线学习所反映出来的一些弊端。

走出电子游戏，拥抱生活

主持人： 现在"00后"和"10后"的孩子，是手机的"原住民"，他们的童年和手机的关系是什么样的?

恽　梅： 我们这一代小的时候，会更多地与河流、小溪、湛蓝的天空相伴，与媒介的关系可能就是在每晚的六点左右，和家长一起听广播。而现在的孩子可能从出生开始，手机就无时无刻不出现在他们的生活中，因此，手机便成为"童年拼图"的一个重要组成部分，成为今天家庭教育当中一个不可回避的话题。现在，年龄很小的孩子便已经能够非常熟练地使用手机了，呈现出手机"原住民"典型的特点：适应屏幕阅读，多任务同时加工，喜欢频率快的内容。例如很多四五岁的小孩子，他甚至连手机上的字都不认识就会熟练地玩手机游戏。但是，处于情感发展中的孩子更需要与人、与大自然的交流和互动，所以我们要预防孩子成为缺少与社会和大自然互动的"电子儿童"。过去我们说大众传播对儿童的影响可能是比较间接的，现在则是更为直接地影响到了整个家庭，包括孩子的生活方式。

主持人： 以前我们说游戏，想的是跳皮筋、扔沙包，现在的孩子想到的是电子游戏。这种现象很普遍吗？

恽　梅： 是的，今天孩子同伴交流的一个重要话题便是电子游戏，即通过电子游戏引发相应的话题，从而跟同伴建立沟通与交流。如果一个孩子完全不知道所讨论的电子游戏，他甚至会感觉不在同伴的"话题圈"里；而一旦伙伴们有"一起打过某款游戏"这样的经历，孩子会觉得他们之间是很"亲近"的，很容易交流起来。所以，某种程度上，这既是需要家长很用心去观察的现象，又是需要运用智慧进行科学引导的，如何更好地跟周围的伙伴去交流，如何保持对真实世界的好奇与探索，如何建立起良好的生活习惯与生活方式，如何让自己的内心更为健康与充实……家长需要让孩子成为一个"社会生活"中的健康儿童，而不仅仅是游戏中的人。

刘肖岑： 对，当几个孩子聚在一起玩同一种游戏，但彼此之间没有任何面对面的交流的时候，这其实是一种退步的游戏行为。儿童的游戏行为有几种类型，像他们这种在一起各自玩同一款游戏却互不交流的情况是一种平行游戏，而社会化程度更高的游戏行为则体现为联合游戏、合作游戏等。合作游戏对于孩子的发展其实是更好的。当然他们在网上也可能会有合作，但是它不是一个面对面的交流，这个还是要注意的。

恽　梅：我们之前说的儿童媒介素养更多的是针对电视，但是，相比电视，今天手机对孩子的影响有很大不同。手机无处不在、如影随形，在手机中学习、娱乐、生活、社交融为一体。我们以前所说的广播、电视，对孩子的影响相对比较单一，其影响远没有手机广泛而深刻。在这个意义上，我们今天所说的媒介素养已经发生了很大的变化，但是无论怎样变化，还是有一些基本的共同点，比如说批判性思维，以及孩子们该怎么样创造性地参与到媒介生活中，如何通过更有创造性的方式去贡献于社会，这些基本点还是一样的。只不过现在的媒介更为融合，传播更为迅速。这些对于家长和孩子来说无疑是一种挑战。这一切既需要我们重新反思，更需要我们以主动的创造性的方式来参与。

刘肖岑：的确是，现在的媒介素养，既包含取用信息、理解信息的能力，又包含制造信息的能力。在以前对儿童制造信息的能力的谈论是较少的。可现在不一样了，孩子其实是有两个身份的，一个是信息的接收者，还有一个是信息的传递者。刚才恽老师说了，孩子的批判性思维很重要。孩子作为一个信息的传递者，他的批判性思维如果不强的话，就可能会去信谣传谣。另外，在传递信息的过程中，如果孩子有一些负面情绪，他可能会到网上去宣泄，变成"网络喷子"，这其实也是需要关注的。

提高媒介素养，做高素质网络公民

主持人： 媒介素养具体指的是什么呢？

恽　梅： 媒介素养就是指人们面对各种媒介信息时的选择能力、理解能力、质疑能力、评估能力、创造和生产能力以及思辨性回应能力。对于儿童的媒介教育，主要是营造健康良好的媒介环境，使其养成媒介使用习惯，正确认识媒介，培养对待媒介的正确态度。我们之前讲媒介素养可能更多地与书本、报纸、杂志、电视等这种传统媒介相关，但现在的智能手机等媒介的功能包含了社交、娱乐、生活、购物等，现代媒介已经与生活融为一体。所以彼时的媒介素养与当前的媒介素养要求是不一样的。传统媒介的传播方式是单向的，即媒体在传播，受众作为一个"接收器"在进行接收。而现在则是双向的，受众不仅作为一名接收者接收信息，还能成为一名"发声者"编辑信息和制造信息。所以这时批判性思维很重要，大众作为信息的传递者方面的媒介素养体现在在某一网络新闻或事件的传播过程中始终保持冷静的头脑、客观的分析，做到不信谣、不传谣，并且不能将自身的负面情绪肆意宣泄到网上，做"网络喷子"。

主持人： 家长该怎么帮助孩子培养批判性思维呢？

恽　梅： 我举个例子。比如说家长在微信上看到一篇文章，我们可以试着跟孩子这样互动。不妨问问孩子是怎么想的，同时分享自己是如何看待的，可能思考的角度不一样；还可以换个角度，讨论在文章的传播过程中，作者到底处于什么样的立场来发声……慢慢地，我们就能够引导孩子建立起从不同角度理解问题、分析问题的能力，就能够让孩子明白，信息的制造者有他的意图，作为接收者的我们应该怎么理解，应该表达什么样的立场。在这个过程中呢，所有的媒介信息其实都有传播目标，需要我们从情感与道德的不同层面加以分析、鉴别，有必要在孩子的成长过程中潜移默化去引导孩子思考，什么是美好的，什么是不可信的，传播者发出这个声音的目的是什么……这些都需要孩子一点一点地去学习。同时，在孩子制造信息（比如发朋友圈、抖音等）的过程中，他其实也是在参与这个社会信息的创造过程，而这样的过程如果我们能够善加运用，会有效提升孩子的能力与生活品质。我再举一个例子。很多老年人如果能利用好智能手机现代而便捷的功能，他们的生活品质会得到大大提高，但是老人有的时候很苦恼于不知道怎么用。这时候，有心的家长可以让孩子去帮助老人，手把手教会老人诸如微信怎么用、视频怎么制作或剪辑，等等。这样做不仅使得这些老人的媒介素养得到了提高，而且在这个过程中，孩子也真正地从身边举手之劳的小事做起，帮助他人，服务社会。同时，更好地帮助祖辈亲近了"智能家庭生活"，这样媒介就被很好地运用起来，这同样也是媒介素养的一个部分。

主持人： 在孩子使用网络、手机的过程中，如何做好安全设置？

刘肖岑： 现在一些视频平台在登录界面之前都会弹出一个青少年模式，这意味着如果登录者是孩子的话，手机会进入青少年模式，某些页面内容会出于对未成年人的保护而不予显示。如果要注册某个游戏账号的话，一定要提供真实的身份信息。这是社会对网络环境净化方面的一份责任，也是媒介素养的一种体现。

另外，我们在家里可以通过几个小游戏来帮助孩子把好"媒介安全关"。比如当家长们看到一些与媒介使用有关的社会现象或者热点问题时，可以跟孩子一起坐下来开个家庭研讨会。在这个过程中不要去批判孩子或者把想法灌输给孩子，而是要和孩子一起来探讨这个问题。比如是不是可以跟孩子玩一个小游戏，就叫"请你来找碴儿"；比如家里有的长辈可能会发一些信息"××医院发现了一种叫作SB250的病毒，这种病毒让多少人受到了感染"，那我们就可以把信息拿给孩子看，请他来"找找碴儿"，看这些信息有没有问题，有哪些问题。

妈妈，我在屏幕这边给您加油！

主持人： 刚讲的是孩子是接收者，那么该如何引导孩子传播一些正能量的信息呢？

恽　梅： 前段时间有学校做了一个儿童绘画的征集活动，让孩子用绘画的方式来表达他们在面对疫情时的感受。比如有的孩子疫情期间才明白，正是无数普普通通的人，包括环卫工人和人民警察，包括抗疫前方的医生和军人们，一直在默默无闻地保障着我们每天的生活。孩子们笔下画出了对"逆行者"们的满满崇敬。这项征集活动通过新媒体的方式把孩子们的这些画作都展示了出来，并让他们去说自己是怎么画的这幅画，他们是怎么想的。其中有不少孩子的父母是护士或者是医生，他们就在抗疫前线，没法陪伴孩子，他们就通过视频来跟孩子对话，孩子们就把这些都画出来，然后送给了父母，那便是技术给我们带来的便利和另一种温暖。以前没有这样的技术手段的时候，抗疫前线的父母是完全没法陪伴孩子的。通过新媒体的方式反而是给了孩子另一种陪伴，另一种精神上的成长。正是通过这种方式，让孩子体会到，虽然爸爸妈妈不在我身边，但是他们也在用心灵陪伴着我。孩子接收到这份爱以后，会为父母感到骄傲、为他们加油，也会更加懂得"大家与小家"的关系。这些都是使用新媒体去参与社会的正能量传播。

主持人： 在培养孩子媒介素养的过程中，社会、家庭和学校该承担什么样的责任呢？

恽　梅： 社会要提供一个相对净化的网络环境，构建出一个适宜孩子发展的网络环境。学校可以在课程中融合媒介素养，有意识地教给并提高孩子分析与判断网络信息的能力，通过媒介创造性地贡献社会的能力。家庭则是孩子接触媒介的第一现场，也是接触媒介最多、最频繁的场所，是能够关注到孩子，同时也是教育效果最好的一个场所。因此，社会、学校、家庭的作用缺一不可。

手机——美好生活的帮助者 or 无聊生活的填充者？

主持人：家长该如何真正地引导孩子，并和孩子一起成长呢？

恽　梅：我们先来谈一谈"前喻时代""后喻时代"。在"前喻时代"，大多数情况下是长辈将生活技能和社会知识传递给孩子，孩子只作为知识的学习者和接受者。而今天随着信息社会的到来，我们的教育在某种程度上进入了"并喻时代"甚至"后喻时代"，其典型特征是成人需要和孩子一起成长、相互学习，有时还需要反过来求教于孩子，跟着孩子一起学习。所以，当今的家长一定要成为一个学习者，这是非常重要的，而在这个过程中，家长如何提高自己的媒介素养是一个重要的话题。因为要想让家庭教育发挥作用，家长首先要成为一个学习者，了解孩子，跟孩子一起成长；了解手机，让这个工具发挥出积极正向作用。

　　现在的家庭里面存在这样的一种现象，面对媒介素养，家长是一种无意识状态，同时往往缺乏能力，不知道如何有技巧、有智慧地对孩子加以引导。于是，面对孩子被电子产品控制的情况，家长便会焦虑，总觉得孩子怎么稍微有一点时间就在玩电子游戏。在这一点上，我认为最重要的是做好家庭生活建设，父母需要以身作则，或者说要给孩子做示范。实际上在家庭中的教育，不只是你教导孩子、命令孩子的时候才是教育。作为父母，你怎么读书、怎么生活、怎么快乐、怎么发怒、怎么去交朋友、怎么去谈论别人，等等，所有的家庭的生活都是在潜移默化地教育孩子。所以家长要高度重视家庭生活建设，只有把媒介素养纳入家庭生活建设以后，才可能让家庭有更丰富的话题可以谈论，更多共同爱好的活动一起去进行，比如说跑步、游泳、健身等。这样家长与孩子的时间就不会被手机占据，那我们就成为网络资源的主动拥有者和使用者，而不仅仅是一个被动的接受者和被占据者。在家庭教育要发挥作用的层面上来说，家长首先要在意识层面上知道媒介素养是要和孩子一起来学习、一起来提高的。同时，要有建设家庭生活的能力，只有这样才能更好地面对这个问题。

刘肖岑： 我们其实应该让手机成为父母和孩子之间的一架"桥梁"，而不是一堵"墙"。父母跟孩子在一起的时候，"其身正，不令而行"。对孩子进行教育的时候不在于我们怎么说，而在于我们怎么做。其实当父母使用手机不在乎孩子的时候，就会出现一个技术干扰。当技术干扰出现的时候，孩子会产生一些焦虑紧张的情绪。所以美国儿科医学会有一个建议，就是当父母跟6岁以下的孩子相处的时候，应该把手机调成勿扰模式，不要因为手机而干扰亲子关系。当然我们也可以跟孩子一起来适当接触屏幕设备，比如当孩子看动画片、玩游戏的时候，我们可以参与其中，跟孩子一起玩、一起探讨，这其实也有助于打造良好的亲子关系。

手机——家庭矛盾的聚焦点？这个"锅"手机不能背

主持人： 在实际生活中，做得比较好的家庭，手机有什么样的作用？做得不太好的家庭呢？

恽　梅：　实际上，在某种程度上，手机的使用能够折射出一个家庭的整体面貌。手机其实是家庭问题与矛盾的"背锅侠"，也就是说很多的家庭冲突都折射在手机上了。但是，其实如果手机运用得好，它完全可以变成一个家庭亲情生活的连接点，例如周末的时候可以拿手机去跟外地的爷爷奶奶视频一下增进亲情，还可以用手机来学英语，可以同步配音……这些都是手机很好的功能。其实手机不仅仅是简单地提供给孩子几部动画片或者几款小游戏，还有非常多的特别好的功能，家长有时候只要花一点时间仔细研究琢磨，就能发现手机很多方便而快捷的功能，例如时间管理功能、行程规划功能等。如果这些我们用起来的话，手机更为积极和高效的作用就能发挥出来。所以手机的使用就是一把"双刃剑"，家长如何"用其长，避其短"，是需要长时间学习的。

刘肖岑：　刚才恽老师在分享的时候其实我也想到了一个问题，就是父母给孩子树立不一样的榜样，对于孩子未来的发展是有不同影响的。我们之前做过一些研究，发现在不同的家庭中，家长和孩子的相处模式其实是不太一样的。有的家长跟孩子相处的时候是比较平等和自由的"民主型"，在这种情况下，家长可能会认为手机是一个为生活提供帮助的工具，他们会跟孩子一起来商定手机使用的规矩，这时手机会对儿童的发展产生积极影响。还有一些家长是"专制型"的，就是要求孩子无论什么事情都要听家长的，在"专制型"家长管理孩子的过程中，孩子基本没有使用手机的自主权。另有一些家长可能是属于"溺爱型"的，只要孩子感觉开心他们怎么做都可以，他们就会放任孩子过度使用手机。还有一些家长是"忽略型"的，平常没有时间去管孩子，对孩子的手机使用情况基本一无所知。

　　在这些家庭教养方式中，只有"民主型"教养方式的父母培养的孩子不会因为手机的使用而出现过多的负面情绪或问题行为，其他养育类型下培养的孩子则可能会因为手机使用而出现一些心理和行为问题。所以家长应该给孩子一定的爱和规则，这两方面都是需要的。有一些"直升机"式的父母，给孩子过多的"爱"，他们一刻不离地盘旋在孩子的上空，使孩子没有自由的生活空间，是不利于儿童发展的。"自由的孩子最自觉"其实是有一定道理的。但是自由也不是说绝对的自由，家长要给孩子一个边界，所以说要去做一个有尺度的父母，但是也不能蛮横和专断。比如说，家长给孩子设下了一个规定，在 20 分钟的时间限度内允许孩子看手机视频或者玩游戏，如果说时间马上就到了，父母是怎么做的呢？是立刻就跑到孩子面前一把把手机抢走呢？还是说快到时间了，我提醒你一下还有 1 分钟，我们一会儿要结束手机的使用？在相同的情况下，我们家长处理问题的方式不一样，孩子在未来对待手机的态度还有手机对他的影响就都不一样了。

恽　梅：每个孩子实际上特别不一样。如果我们用一种方式对所有的孩子，那有一个要求就是陪，这是慢养的过程，很慢，但是要有耐心，要把目标先定好。在这个过程中，孩子可能会倒退，他第一次不遵守规则，第二次可能又出现了什么状况，这时家长的坚持或者原则还是很重要的。我们的家长经常是定下的这个规矩三天不起作用，再定新规矩，总是在制定规矩的过程中，这样做实际上对孩子起不到树立权威的作用，孩子觉得你说完了也就无所谓了。还有就是我们家长把孩子的时间填充得太满了，其实孩子需要有一些空白，如果没有空白的话，全部都是一段一段被计划好的时间，孩子很容易去拿手机填充他的时间。我觉得现在整个的家庭环境也好，或者学校环境也好，孩子玩的、自由的时间太少了。在生活中，我觉得更多的是需要给孩子营造这样的空白点，就是他可以独处，这样的能力在孩子未来的生存和社会的发展里面可能越来越重要。

合理使用手机，避免手机成瘾

主持人： 怎么判断孩子手机成瘾？有什么样的标准呢？

刘肖岑： 再来谈一谈儿童手机成瘾的问题。家长可以通过记录孩子使用手机的时间初步判断孩子是否手机成瘾。其实对于一个6岁以下的孩子来说，接触任何屏幕设备的时间在一天当中加起来不能超过一个小时，所以他如果拿着手机超过了一个小时，这肯定是不合适的。但是对于青少年来说，他们使用手机可能是在上网学习，所以不能单纯地按照这个时间指标来衡量。我们有一个整体的判断标准——"A－B－C"三步判断法。A指的就是情感方面的表现，B是行为方面的表现，C是认知方面的表现。也就是说我们看一下这个孩子，当他使用手机以后，他在A情感上比不看手机的时候情绪变得更差；或者说是在B行为方面，当他不看手机的时候，他就像有了烟瘾一样控制不了自己，总想再玩手机，如果没有即刻满足他使用手机的需求，他会很难受；另外，在C认知方面，他由于经常沉浸于虚拟世界之中，无法对现实与虚幻的事件做出正确的判断等。如果出现了这样一些反应的话，那我们就要担心这个孩子是不是手机成瘾了。

其实相关的具体判断标准有很多，我说一个比较简单的标准，家长其实可以对照着自己孩子的情况进行打分。第一个就是当孩子不能用手机的时候，他是不是情绪一下子就变得很糟糕，变得比较狂躁，容易愤怒。第二个就是当孩子使用手机的时候，如果让他出来跟朋友进行交往，他是不是宁可盯着手机也不愿意跟别人交往。第三个就是孩子会不会在使用手机时熬夜。第四个是当我们去问孩子你在用手机干什么的时候，孩子会不会对我们说谎。这四个现象中只要出现了一个，我们就要怀疑孩子是不是有手机成瘾的情况。当然了，对于幼儿、儿童和青少年来说，判断其是否手机成瘾的标准还是不太一样的。比如说幼儿可能更多的是使用手机看视频、玩游戏，但是青少年可能更多的是使用手机的社交媒介功能。所以作为家长，需要分辨不同年龄段的孩子对手机的真实需求点在哪里。明白了不同年龄段的孩子对手机的需求后，家长可以在充分尊重孩子使用手机的权利的同时，和孩子商量好使用手机的限度与规范。

恽　梅：我们更为提倡"一分预防胜过十二分治疗"，因为如果孩子真的发展到手机成瘾的境地，家长再准备干预治疗的话其实是很吃力的。从这个角度来看，特别重要的是我们需要从孩子很小的时候便建立起良好的生活习惯。比如说孩子每天的作息时间，包括前面提到的家庭生活的建设时间，比如家庭成员能够在固定的时间共同做一项活动——游泳、健身、爬山等，这样因为有共同的爱好与经历，便可以引发出很多的话题，亲子之间沟通就越来越顺畅，关系也会越来越亲密。总之，预防工作要从家庭生活的"顶层设计"开始，因为一个人一生的良好习惯、兴趣爱好的养成常常是从童年时期开始的。比如，当一个孩子喜欢上阅读，当他能够沉浸在其中时，他会发现阅读能带给他很多乐趣，网络游戏、手机上碎片化的信息，或者短视频，这些对他来说可能吸引力就没有那么大了，他可能会更愿意安安静静地坐着看一本书。因此，在面对手机吸引力的问题上，父母需要采取更为主动积极的预防措施，最好的办法便是建立更为健康的生活习惯，比如，更为有意识地培养孩子深度阅读的习惯，包括慢慢培养孩子自主阅读的习惯，这样孩子未来的生活才是主动而健康的。打个比方，家长带给孩子的影响就像在家里的冰箱摆放食物一样，如果家长每天都准备的是健康食品，比如蔬菜、水果、牛奶等，孩子无论拿出来哪种都是有益于身体健康的；相反，如果冰箱中放的都是"垃圾食品"，孩子的生活就会受到不良的影响，因为孩子对于家庭所提供的食物常常是没有选择的。同样，如果一个家庭的整体生活方式是健康的，那么，就像孩子从冰箱里拿取健康食品一样，他随便拿出来的东西——阅读、运动、交谈、劳动等都是健康的。

孩子，爸爸陪你一起玩游戏

主持人： 有的家长提问，把电子游戏作为对孩子的奖励，是否合适呢？

刘肖岑： 关于孩子是否合适被奖励电子游戏，我们首先要看这个孩子是不是想要将电子游戏作为奖励。如果孩子特别想用电子游戏作为奖励，这个也是一种可行的方式，但是可以有更好的奖励方法。我们在提供奖励的过程中可以锻炼孩子的延迟满足能力。比如说不断提示孩子"你做这件事情的时候能不能再坚持一会儿，我们把你坚持的时间积攒在一起，等当前的活动任务结束后，我陪你一起玩更长时间的游戏"。如果家长这样做的话，就让孩子明白了有些东西不是他想要就能立即得到，而是需要自己经过一段时间的努力才能得到。而且如果电子游戏被赋予了一些附加值——比如说和爸爸妈妈一起来玩这个游戏，那孩子可能会觉得更加高兴了，同时你们又有了更多共同的话题，这就将一个家庭氛围的建设给"附加"进去了。从总体上来说，我们还是希望能通过奖励激发孩子的内在动机。比如孩子考试获得了一百分，家长就会给予孩子某个奖励，那我们现在换一种方式，如果家长发现孩子在整个学习过程中特别努力，例如原来粗心的毛病都被孩子慢慢克服了，这时家长就可以给予孩子奖励了，家长应当更多地鼓励孩子在为获得一百分而努力的这个过程，而不是考了一百分这个结果。不断调动孩子的内在动机，让孩子感觉他想做这个事情，他认为这个事情是对他有价值和意义的。所以在某些层面上，家长可以利用电子游戏更好地激发孩子内心积极向上的欲望。

这涉及另一个问题，就是怎么样科学地引导孩子玩手机游戏。游戏也分很多不同的类型，我们也有一些相关的研究，发现有许多历史类、科学探索类的游戏可能更适合孩子来玩。当然我们需要确保游戏画面里不能出现暴力、血腥等少儿不宜的内容。有些体感游戏（它的实质是把身体的运动和电子游戏显示进行结合）也比较适用于儿童。因为游戏者在运动的时候，身体会分泌很多的化学物质（多巴胺、内啡肽、血清张素等），这些化学物质能够让其变得更开心更专注。除此之外，还有合作类游戏。我们研究发现，如果让两个之前不是好朋友的孩子在一起玩5分钟的双人合作类的游戏，那么他们就会很快成为好朋友，而且这种友谊关系能保持至少几个月的时间。另外，一些益智类的游戏，比如说拼图、俄罗斯方块等，可以提高孩子的空间建构和心理旋转能力，还有助于孩子以后学习数理化。再有一些已经经过科学验证的"打地鼠""水果忍者"等小游戏是可以帮助孩子发展执行功能、工作记忆、认知灵活性、抑制控制等能力的。还有一些可能不是很适合幼儿但是青少年可以适当接触的游戏，即动作类游戏。这类游戏可以锻炼孩子的视觉追踪能力，促进孩子的精细动作发展和反应速度的提升。还有些游戏甚至可以改善阿尔茨海默病（老年痴呆）的一些病情症状，这些游戏对孩子来说也是比较合适的，但是暴力游戏孩子不要去接触。

玩游戏真的有助于促进学习进步吗？

主持人：　还有的家长有这样的疑问：我劝孩子不要在玩游戏上花那么多时间，会耽误学习，但是他说玩游戏不会耽误学习，还能帮助自己学习。孩子这么说让我感觉很困惑，玩电子游戏真的对学习有好处吗？这是孩子的借口还是真的会促进孩子学习？

刘肖岑：这位家长的疑惑还是很典型的。其实玩电子游戏不一定是"不务正业"，不过我们需要从三个方面去分析孩子说的到底是真是假。首先，看孩子玩的是什么游戏。如果他玩的是"猴子学数学""蜡笔物理学"这类的游戏，在游戏的过程中孩子既收获了相关学科的知识，又获得了快乐的游戏体验，类似这样的游戏家长可以支持孩子玩。其次，我们要看孩子玩了多长时间。如果说孩子只玩了20分钟，不是一下子玩了八九个小时，那这样的情况也能接受。最后，我们再看一看孩子玩完这个游戏以后的状况。如果他的确是在某一方面（知识、动手技能等方面）发展了，那么孩子玩的这款游戏就是对孩子有益的，孩子说的游戏能促进学习就是实话。其实"学习"是一个广义的概念，不光是说我们掌握了多少文化知识，还包括孩子们需要学习和掌握的必备的团队协作能力、认知思维能力等。广义的"学习"是指"促进了孩子的动作、生理、认知、情感、人格、社会性的发展"，这些其实都是一种学习。目前已经有大量的研究探讨了游戏对于广义的学习的价值。比如我们自己做的一些研究发现，拼图游戏可以帮助孩子改善心理旋转能力和空间构思布局能力。再比如美国食品药品监督管理局批准了一款电子游戏可作为处方药用于治疗儿童多动症。另外，研究表明，某些电子游戏对于自闭症、抑郁症及创伤后应激障碍等心理疾病都会有一定的疗效。但是不是说所有的游戏都对孩子有好处。那些暴力的游戏及让孩子投入时间过长的游戏对孩子的身心发展就不利。我们提倡适时、适度地接触适宜内容的电子游戏。

说到这个问题，也让我想到了一个概念叫作"游戏化学习"，就是通过游戏的方式来促进孩子学习，这是近年来一个比较前沿的教育的理念和实践探索。其实早在《2014上海基础教育信息化进程蓝皮书》中就提到游戏化体验式的学习是未来发展的趋势。我们作为家长其实在生活中可以跟孩子一起探讨一下，既然孩子对游戏这么着迷，那么我们有没有可能把学习变成一种游戏。例如，有科学家开发的一款名叫"蛋白质折叠"的游戏，玩家可以在网上自主合成蛋白质胚胎，然后可以看到蛋白质胚胎长大后的样子。该游戏上线以后有五万七千多名玩家共同玩了三个星期就破解了科研人员花了十年一直在攻坚的某一项生物课题，这就是把学习变成游戏的一个案例。另外，我们还可以思考，游戏化学习不光可以是在线上通过一些媒介进行学习，它也可以发生在线下。有一款把线上与线下相结合的游戏名叫"家务战争"。我们都知道在家庭生活中，做家务是一件很令人头疼的事情。这个游戏被迁移到了线下，其游戏规则就是游戏者只要完成了家务挑战，就可以积攒一定的成绩并顺利通关，所以玩这些游戏的人，家里都是特别干净的，正所谓"游戏可以让世界变得更美好"。我们家长其实也可以跟孩子共同探索"将学习变成游戏，让孩子在玩中学"的办法。

恽　梅： 网络时代，我们需要更好地了解孩子。作为父母，我们其实不妨去做一个隐形的"脚手架"，我们要有能力了解孩子真正的兴趣所在，将他们在网络世界的兴趣点不断延展在生活中，思考怎样将孩子的兴趣点连接到生活、学习的其他方面。我认为在这个时代父母的这种连接能力是非常重要的。

刘肖岑： 通过恽老师的分享，我有一个感悟，就是在数字化时代，我们作为父母一定要思考在与孩子沟通的过程中扮演什么样的角色，是否应该是学习者、参与者和陪伴者的角色。与此同时，家长要致力于建设"发展型"的家庭生活，父母应该是孩子媒介素养教育的第一责任人，所以父母首先要发展自己的媒介素养，其次，家长要跨越"数字鸿沟"，走到孩子的媒介世界里跟孩子一起成长，做孩子最佳的"电子合伙人"。

家长感言

今天的这节家庭教育公开课，引我深思。现今的小朋友是手机的"原住民"，手机已经成为他们生活中必不可少的东西。我们家长无论怎样去限制他们，他们还是可以从不同的渠道接触到或使用到手机。既然如此，与其让他们背着我们去使用，那我们为什么不去主动地引导和教会他们正确地使用手机呢？通过今天的公开课，我了解到了媒介素养相关知识，也学会了引导他们正确使用手机的方法，通过手机让我们的家庭更和睦，生活更美好。我们可以先跟他们讲解，手机除了动画片和游戏，还有许多的功能，比如闹钟功能、提醒功能、导航功能、搜索功能等，这些功能都可以提高我们的生活质量，提高学习和工作效率，让他们可以正确地了解手机。然后，我们可以共同制定使用手机的规则，大人小孩都要遵守规则，一起快乐地使用手机。最后，我们可以融入他们中间，放下我们喜欢的电子游戏、连续剧，找一些有益的游戏，跟他们一起去玩，哪怕只是在旁边看看、聊聊，多陪陪他们，这样有了共同的话题，就可以更好地沟通，从中让他们感到快乐和爱。

在爱和规则的引导之下，我相信小朋友一定可以与家长一起，共同提高媒介素养，让我们的生活更美好！

广东省佛山市南海区桂城街道灯湖第七小学　吴××家长

以前我也非常反感我的孩子使用手机，特别担心孩子会对手机依赖、上瘾等。记得我女儿不止一次地跟我说过，她和小伙伴出去玩的时候，大家都在讨论手机游戏，她完全听不懂伙伴们聊的内容，她没有话题参与感，每次都不开心、很失落。这是值得我深思的一个问题。我们现在大多数的家长都视手机为洪水猛兽，生怕一不小心就毁了我们的孩子。今天听了两位老师的课，我茅塞顿开，受益良多，对孩子使用手机有了新的认识。老师说我们可以引导孩子正确地使用手机，可以为孩子制定一些合理的使用手机的规则。只要我们把握好了孩子使用手机的尺度，手机就可以让孩子学到很多书本以外的知识，还可以成为我们和孩子之间沟通的桥梁。

广东省佛山市高明区第一中学附属小学　胡××家长

因为疫情的影响，网络直播课程和在线课堂这种新型教学模式，使得不少家长和孩子因为过度使用手机和电脑，发生了很多的冲突和矛盾。父母是孩子最好的老师，教育不只是学校的教育，父母的教育更是重中之重。面对网络的诱惑，恽主编一针见血地指出，一分预防胜过十二分治疗。我们要高度重视家庭生活建设，父母和孩子有很丰富的共同话题可以谈论，有共同的爱好，这样我们就不会被手机控制。网络的世界会慢慢吞噬不前进的人，悄悄犒赏爱学习的人。面对信息化时代、网络迅速发展的时代，不能一味简单粗暴地禁止孩子使用网络。如何处理娱乐与学习的关系，如何学会探索与创新，正是父母需要为孩子做出榜样的关键。今天的父母比以往任何一个时代的父母更需要学习，更需要与孩子一起成长。我们家长要把手机视为和孩子之间的一道桥梁，而不是一堵墙，家长牵着孩子的手，一起管控好手机的使用，才能享受它带来的最大优势。

广东省佛山市第六小学　黄××家长

专题四
管理情绪——做自身情绪的主人

专题导语

情绪是个人的主观体验，在情绪发生时，总是伴随着某种外部表现。喜、怒、哀、惧是人的基本情绪。很多家长遇到孩子发脾气会手足无措，那孩子闹情绪的时候到底怎么处理才好？如何引导孩子正确地表达情绪？为帮助家长解决上述问题，本期专题即以文字转录形式收录了来自首都师范大学学前教育学院副院长王异芳教授、首都师范大学学前教育学院黄翯青副教授的精彩分享，希望通过专家的智慧点拨、案例分享及科学建议等方式给予广大家长以启发与思考。

专家简介

王异芳，首都师范大学学前教育学院副院长，教授。主要研究方向为儿童情绪理解与调节的发展及其影响因素（其相关研究成果表明，影响儿童情绪的因素包括混龄活动或编班、亲子关系等），从家庭和同伴的角度探讨儿童情绪能力的发展，以及儿童早期阅读等，对青少年心理发展方面具有独特研究。曾主持国家自然科学基金项目"情绪能力训练在佩戴人工耳蜗和助听器儿童康复中的作用"，以及北京市教育学会幼儿园发展与促进研究会"十三五"规划2016年度重点研究课题"0～3岁婴幼儿教养人家庭教育困惑问题及对策研究"等多项课题。

黄嚞青，北京大学心理学系博士，首都师范大学学前教育学院学前儿童发展与协同共育教研室主任，副教授，中国西部研究与发展促进会青少年工作委员会秘书长，国家软实力研究院中国教育研究中心副主任。对儿童发展心理学、艺术教育与家庭教育结合有深入研究，发表多篇学术成果。

"小"情绪变"大"，"小"大人长"大"

主持人： 两三岁的孩子，为什么那么容易特别激动？

黄嚞青： 其实很多有过养育经验的家长都会发现，孩子到两岁左右的时候，似乎不那么好"对付"了，很多时候喜怒无常，有些家长把孩子的这段时期叫作"可怕的两岁，恐怖的三岁"。孩子出现所谓的"越来越难带"的这些问题的背后，都是孩子成长的信号。家长应该如何解读孩子成长的信号呢？首先，要意识到孩子有了自己的主张和意识。两岁左右正是孩子自我意识快速发展的关键期，在这个阶段孩子会发现原来不是妈妈要他怎么做他就得怎么做，他也要有他自己的主张。很多父母都会发现两岁的孩子有很多要求，比如说他非要自己用钥匙开门，哪怕是自己站在妈妈的腿上也要自己拿着钥匙开门，妈妈帮忙开他都不答应，非要自己去体验。处于这个发展阶段的孩子会用愤怒的方式表达自己的想法，所以两岁的孩子特别喜欢说"不"，这几乎成了两岁孩子的标志性的语言了。其次，孩子要求独立的愤怒情绪，背后其实是孩子自我主张和自我意识的成长。

王异芳： 在一岁半到六岁的幼儿阶段，孩子都认为他是一个独立的个体在这个世界上存在，所以他的主张应该在这个社会中有所体现，比如家长看到孩子把水龙头拧开了，关了好久关不上，但是大人帮他关上以后，他会发很大脾气，他非要让你调回到跟刚才一样大的水流，然后自己把水龙头关掉才可以。另外，这个年龄段的孩子"输不起"，凡是遇到自己解决不了的问题、画得不好的画、没有另一个小朋友做得好的事，他都会表现出极大的愤怒感。家长可以通过讲故事来创设情境，可以通过与孩子对话了解孩子在面对这样情景的时候是不是也会产生退缩或沮丧的心理变化，或者各种各样的情绪和行为。

黄翯青： 孩子这个时候开始有一点独立意识后，常常会伴随有反抗的意识。有的孩子在商场里因为没有得到玩具，可能就开始躺地上打滚儿哭闹了，孩子的父母也特别无奈。其实，随着孩子年龄的增长，他也在学着"社会化"，逐渐去了解和学习"如何表达我的要求和我的情绪"，当然孩子的语言能力、行为控制能力及情绪调节能力的发展都有一个过程，父母不用着急，陪伴他的成长，耐心地等待他达到新的发展水平。同时，家长还需要在这个过程中去帮助孩子找到到底用什么样的方式来表达情绪会更合适。

突如其来的"抱大腿"

主持人： 孩子什么样的表达属于正常的、应有的？什么样的属于该去阻止的呢？

王异芳： 情绪其实没有好坏之分，但是有积极的情绪和消极的情绪。那么积极的情绪我们大家都很清楚，比如说快乐、兴奋等，消极的情绪一般有恐惧、悲伤、愤怒等。但无论是积极的情绪还是消极的情绪，其实都能够让幼儿或是其他年龄段的个体在这个社会中生存、适应社会，都是特别有价值的情绪体验，它们都是有意义的。对于孩子在很小的时候的负面情绪，家长要无条件接纳，但是等孩子大一点的时候，要给予其科学的引导。在商场，孩子因为家长不给买玩具而哭闹，在这种僵持的情况下，家长是很难和孩子讲道理进而让孩子的愤怒情绪消除的，其实这种情况我建议家长马上把孩子抱走，使孩子所处的情境发生改变是很重要的，不管孩子多哭闹，先到一个安静的地方再说。其实这是一个看起来粗暴但特别行之有效的方法，这样做可以立刻终止孩子对其他人的干扰。

黄鹂青： 孩子的消极情绪问题的确不是靠家长采用特别理性的方式就能够疏导的。建议家长在处理孩子消极情绪的问题时，第一步，接纳和共情，尝试理解孩子。有的时候孩子争要一个玩具，他不仅仅是要这样东西本身，这也是孩子在强调自己的主张，就是他要怎么样，他要达到自己的愿望和目的，这往往就会升级成为大人和孩子的一个拉锯行为，尤其是当孩子对父母没有安全感的时候，这种行为可能常常会发生。如果我们跟孩子建立起一种彼此信任的关系，在家长表明否定的原因时，大部分的孩子是能够接受的，但是如果父母在面对孩子的哭闹和请求时，直觉性地认为"你不该哭，你哭是有问题的，你哭就是你的不对"，那么孩子也会以一种有点"扭曲"的方式来表达自己的诉求。

一个情绪健康正常和内心强大的孩子的成长其实是需要多方面的因素的。随着孩子社会化的发展，他会面临越来越多的问题，他也需要家长更多地指导他该怎么样去表达自己、控制自己。

王异芳：　刚才黄老师谈到家长需要更多地接纳、尊重和理解孩子，这其实是家长实施良好家庭教育的开端。除此之外，家长一定要引导孩子树立良好的规则意识，没有规则就没有真正的自由。要告诉孩子什么可以做，什么不可以做，做或者不做的原因以及后果。如果我们跟孩子讲清楚，他是可以充分理解的。因此我觉得规则意识一旦在孩子身上扎下根后，他未来许多良好习惯的形成都会特别容易。

你好！我的小情绪！谢谢你！

黄翯青：　每一种情绪都是大自然赋予我们去适应生存的一个工具。这让我联想到曾经看过的一部迪士尼动画电影《头脑特工队》，里边的主人公小女孩的头脑里住着"怕怕""怒怒""忧忧""厌厌"和"乐乐"五个情绪小人，她离开其中任何一个情绪小人，日子过得都会非常不好。正是生活中的喜怒哀乐，共同维系着我们生命的完整性。我们能做到"上坡需努力，下坡需开心"，保持我们的生命基调永远是积极向上的，这才是生命的本质。我再举个例子。在日常生活中，如果我们表现出悲伤的情绪，那么这个情绪就会"吸引"同伴来安慰和帮助你，它是一个呼唤帮助的信号。愤怒的情绪有时就可以帮助我们捍卫领地，维护自己的权利。还有厌恶的情绪，它是大自然赋予我们去鉴别和远离那些有毒有害东西的能力，延伸到社会领域中，那些和我们的价值观特别不相融的东西，我们也会慢慢觉得厌恶。其实孩子很小的时候，他就能慢慢掌握这些情绪。从生存层面来说，情绪不是问题，情绪是我们内心想法的信号，是我们生存的工具。

　　我再来谈一谈关于孩子哭闹的问题。孩子在婴儿阶段，由于他太小了，连话都不会说，他只有通过哭才能向我们家长传递信号，他哭了我们才知道他尿了，他哭了我们才知道他饿了要吃奶了。所以我一直强调，哭闹是孩子一个特别正常的表现，因为什么呢？即使是稍大一些的孩子他虽然会说了，但他语言的成熟度其实相对于他动作的成熟度来说还是滞后的，所以他表达情绪和想法更直接的方式就是喊出来，或者是用一个什么行为表现让你知道他现在的情绪很不好。但是随着孩子逐步成长，我们要引导孩子学会多种表达情绪的方式。如果孩子学会了用丰富的语言、图画以及其他的方式表达自己情绪的话，他的哭闹肯定会逐渐变少。哭闹可能是他最初的"简单""粗暴"的表达方式，随着他年龄的增长，我们家长要引导他合理、恰当地去表达消极情绪。如果孩子心中的消极情绪一直憋着不表达，这是一件很可怕的事情，因为孩子的消极情绪长期积累，一定会对他的身心发展产生不良影响。但是如果孩子能在自己不开心的时候找到一种疏解的办法，能恰当、合理地把自己的那些不愉快、负面的情绪表达出来，是有利于孩子健康成长的，而且这样的做法其实大家也能够理解。

　　大部分的孩子到了3岁左右入园的时候，自己就逐渐开始要面子了，就初步学着管理自己的形象了。那如果这个时候孩子还频繁地在公共场合以满地打滚儿的方式才能够表达自己的想法的话，父母就应该反思自己是不是在家庭环境的创设中没有给孩子的情绪一个正常的出口，所以孩子就一定要弄出很大的动静来，就一定要折腾到父母现在不处理他的情绪就绝对没办法收拾局面的地步。孩子用正常的方式好好表达情绪得不到家长的重视，自己的情绪问题得不到解决，所以孩子按照他的"生存法则"，才会采用一些"其他"的方式来表达自己的情绪。家庭教育是亲子双方共同构成的，其实好多时候父母应该反观一下自己，因为孩子是父母的一面镜子，孩子可能通过正面或"扭曲"的方式传达着亲子关系当中的一些问题，所以我们家长要经常"停"下来，"回过头"看看孩子的诉求，了解一下亲子关系有没有发生问题，这是很必要的。

管理孩子情绪的关键——让情绪"有处安放"

主持人：当孩子情绪越来越多样，家长怎样接受孩子的每一种情绪？怎样理解孩子的某个情绪是什么意思？应该怎么去应对孩子的情绪？

王异芳：接纳孩子情绪最主要的是要和孩子共情。有一个例子，有小孩拿了一只挺脏的已经死去的青蛙。孩子手里拿着这只青蛙，其实心里很难过。很多家长见到此景大多会说："哎呀，孩子。你看这只死青蛙多脏啊！你快别拿着它了，赶紧给我扔掉。"但是还有一小部分家长会转变态度，真正做到和孩子共情，他们会说："孩子，你手里拿的青蛙它好可怜啊，我们快一起把它埋起来吧。"家长不同的做法，其实就能检测家长是否了解和体会孩子现在的情绪。

曾经有一次在飞机上，一路都遇到气流颠簸，摇摇晃晃的机舱弄得大人不是特别舒服，大人身边的孩子肯定更不舒服，所以那孩子就哭起来了，那位妈妈就很排斥孩子的情绪，当时特别恼火地说："你哭什么哭啊，我也很难受好吗！"其实我觉得孩子的哭声对我的干扰没那么大，但是这位母亲对孩子唠唠叨叨的这种训诫对我干扰挺大的。后来我又坐飞机，又遇到了同样的情景，而另一位妈妈的做法就会让我特别舒服，尽管她的孩子哭得并不比那个孩子小声。那位妈妈就很贴心地搂着孩子，一句话也不说，完完全全接纳了孩子当时的情绪。其实你会觉得当时是一种亲子间特别温情的时刻，尽管这个孩子可能干扰到了身边的人，但是这位妈妈的做法让别人知道了原来有这样温和的解决问题的方式。这种问题解决的方式和父母的态度会潜移默化地传递给孩子，也会传递给身边的人。我们的孩子都是非常敏锐的，妈妈的做法、身边的人的眼光，等等，其实都对孩子的成长有很大影响。所以我觉得父母的接纳和共情，是维系良好亲子关系中最重要的一点。

黄鹭青： 父母需要在孩子有情绪的时候予以理解，当孩子知道自己的情绪有人懂的时候，这个情绪就有处"安放"了。

举例来说，比如孩子在外面被球砸了一下，孩子被惊吓到，被砸疼后就哭了。面对此种情况，我觉得现在很多父母首先会很焦虑，可能会有一堆的担心，紧接着一大堆的说教就跟上来了。但很多有关情绪问题的科学研究发现，只有当孩子觉得自己"被共情"了，父母会无条件支持自己，后面有一个安全的"大后方"，这个时候他才会放心地做自己。在面对孩子的消极情绪时，父母首先应该敞开怀抱去接纳孩子的情绪，别着急去指导孩子，先让孩子的情绪有处安放，这时孩子自己就会想到很多解决问题的方式和方法。因为孩子有安全感，后边有"大后方"支持，所以孩子是会用自己的方式去顺利解决问题的。

王异芳： 而且父母的这种共情能力一定会传递给孩子，让他对这个世界产生共情的。随着孩子情绪的"日积月累"，孩子到了青春期或者到了成年期，他的情绪如果一直没有被家长和其他人接纳，就会"无处安放"。如果孩子有一个温暖的"大后方"，在自己不小心碰伤需要关心和爱护的时候可以听到一句"好孩子，你疼不疼啊？没关系，摔倒就摔倒了，我们下次注意就好了"。长此以往，家长的这种"成长型"思维方式会在日常生活中滋润着孩子，让孩子的心理慢慢变得强大起来。

黄鹭青： 对孩子来说，家长的每一次成长型思维的对话都是一种心理暗示，我们还是要多给孩子这种积极的心理暗示，来培养孩子的成长型思维。其实刚才我还想谈一个词叫作"情商"，情商这个词也叫"情绪治理"，就是指孩子能不能很好地察觉、理解和调控好自己的情绪。可能所有的父母都希望自己的孩子有个高情商。其实培养情商最好的方法就是在孩子年幼成长的过程当中，父母在生活的点滴里边，用恰当的方式给予孩子恰当的对待。其实家长怎么去对待孩子的每一次情绪（包括发脾气、悲伤、快乐等），家长怎么去对待家人的情绪，孩子耳濡目染，等他长大之后，他就会怎么去对待自己的情绪，他就会把父母的情绪调节方式内化成自己的情商。情商其实就是这么来的。

  关于情商的培养，首先就要从婴儿时期开始。当孩子还没有能力去表达自己，只能够通过哭闹表达的时候，其实就是开始培养孩子情商的时候。就像我们所说的，小婴儿正处在"全能自恋"期，这时候他就觉得全世界都围着他转，这个时期他也在铺垫着整个人生的底色，这个世界是不是安全的，他的呼应会不会有人在乎，这些都影响着他对这个世界的看法。所以在婴儿时期，父母给予孩子及时和敏锐的情绪关注，就非常重要。

  在婴儿期的孩子用哭声"呼唤"你的时候，家长首先应该给予孩子回应。整个婴儿期的母婴关系是孩子一生关系的基础，那在这个时候，母亲如果能给予孩子敏锐且贴心的回应，确实是孩子情商发展的第一步。

王异芳： 从孩子出生到一岁半这一段时间，家长要给予孩子无条件的积极关注。家长需要在亲子间建立起一种特别好的依恋关系来，需要让孩子觉得自己哭闹的时候，是有一个"希望"在的，而这个"希望"是可以很快实现的。做到这一步是非常重要的，不要抱"你哭你的，我就不出现，你闹完就不闹了"的态度。

对话式阅读，开启和孩子的情绪之旅

黄翯青： 小孩子的特点就是率真和无邪，他们能够把自己的情绪和情感按照自己本心的想法表现出来，家长应该去接纳孩子的情绪。同时有的孩子不仅会表达自己的情绪，还懂得通过一些方式如画画、唱歌、舞蹈等调节自己的情绪。

王异芳： 对，孩子画完画或者跳完舞可能就没那么紧张了，他把自己的紧张情绪就转移了。其实在这个过程中，孩子也得到了一种宣泄，长此以往，孩子就逐渐学会了如何去正确地面对自己的情绪。其实沟通很重要，亲子间的沟通为什么很多家长觉得难？我前段时间接孩子从幼儿园回家，同行的家长就问自己的孩子："宝贝，你今天开心吗？"孩子回答："开心。""怎么个开心法啊？""我也不知道。"这其实是孩子很正常的回答，特别是各类信息在他的大脑里头加工了一天，这时候孩子的大脑其实是处于抑制状态的，很难去提取信息出来。那么这个时候我觉得家长就可以通过问题分享、快乐分享、情绪分享的方法，先从自己开始说起，例如今天我经历了一件什么样的事情，今天在接你放学的路上经历了一件什么事情，可能是高兴的，也可能是包含其他情绪的。家长把这些事情分享给孩子，孩子就会通过观察模仿来学习。他一看你说，马上就会抢着说"我也有这样的事，我也怎么怎么样"。这时候孩子的话匣子就打开了，我们就可以和孩子进行一次特别好的沟通。

还有一种方法就是亲子阅读。其实孩子只要在0~9岁，我还是比较赞成亲子阅读的方法。我们习惯于和孩子进行"认知式阅读"，例如在和孩子读一本书的时候，我们经常会问孩子："宝贝，你数一数这一页有多少只羊呀！这里面有多少马是黑色的呀？"但是实质上这种"认知式阅读"只是亲子阅读中比较初级的方法。我们可以做一些"对话式阅读",例如询问孩子:"绘本中的这个小女孩为什么伤心了?你看她好难过啊!"孩子就会说:"她因为什么事这么难过呀?"这时我们家长就可以和孩子一起,以互相讨论、互相沟通的方式开展亲子阅读,我们的亲子阅读质量就会提高。

其实家长跟孩子读书的过程是一次人生的探讨,也是一次情绪之旅。虽然故事书中发生的这件事也许永远不会发生在孩子身上,但是在多次探讨过程中,孩子在你的带领下进行了一次类似的社会学习,故事中的主人公替孩子进行了一次"替代性强化",孩子不需要自己经历故事书中的这件事情,但通过和家长一起阅读及思考,也能够学习和成长。所以我觉得阅读其实就是去看别人的人生路是怎么走的。我们通过看别人的生活经历,警示自己日后千万别走弯路。这时再和孩子讨论与交流某一个具体形象和事物的时候,孩子是很容易听进去的。

黄鹥青: 其实我觉得孩子们有不同的个性,他们有很多表达个性的方式,家长其实要学会当观众,学会去"分担"孩子们表达出来的情绪,然后去欣赏他们表达情绪的过程。有的孩子会说一个很长的关于一整天情绪的故事,比如孩子说:"我早上来到幼儿园的时候特别开心,在幼儿园玩耍的时候我跟别的小朋友发生矛盾了,那时候我又变得特别伤心,后来我们又和好了,我又开始快乐起来了。"其实在这个过程中,我们能发现孩子的情绪是有变化的。父母要津津有味地听,要用心去感受孩子心情的变化,那你就会感受到他的勇敢、他的善良,你会鼓励他下次再怎么做,怎么做会更好。要让孩子能够特别充分地表达他的情绪,首先得做一个很好的欣赏者,走到孩子的那个世界里去。父母不要去做一件事情的"法官","评判"孩子的某些事情。家长如果站在一个特别中立的立场上,那么我们家长跟其他人又有什么分别呢?

王异芳： 对，家长就要做孩子的"辩护律师"，要永远跟孩子站在一个战壕里，你永远跟他是同一立场的，这个时候他会觉得，我的爸爸妈妈都是最值得我信任的人。

幸福就在"转念间"

黄翯青： 在每一个家庭里，会有不同个性的家庭成员，他们具有不同的生活经验，会从不同的视角思考问题，可能会有比较刻板的爷爷、比较大男子主义的爸爸、温柔善良的妈妈，还有淘气的孩子。但是这个家是有爱的，家庭成员之间彼此是包容的，我不能改变你，但是我能够包容你，我还愿意去保护你。我想这样的家庭氛围是培养一个有安全感的高情商孩子的最适宜的土壤。

王异芳： 所有人都渴望有一个特别理想的家庭——在这个家庭中所有家庭成员说的话都是一致的，所有人的观点都是一样的，所有人在对孩子的教育问题上都是认同的。但事实上我觉得这是不切实际的，因为这个家庭就是由来自不同家庭的人组成的，所以相对不理想的状态是现实存在的，但是怎么把不理想的状态努力过成理想状态，这是特别需要所有家庭成员去努力的，也是需要智慧的。日常生活中的家庭既充满欢声笑语，又有争吵纷扰，但是家庭成员之间又能够互相包容，这样的家庭生活状态其实对一个孩子来说才是最真实、最有价值的。

黄翯青： 比如我们原本打算去动物园看小动物，但是下雨我们去不了了，如果家庭成员都觉得去不了了真倒霉，那孩子也会受家庭成员的影响，觉得我是倒霉的。但是如果妈妈说："下雨也没关系，动物园的动物下雨天也要休息，那我们今天一起留在家里做游戏吧。"那孩子就会觉得其实没去成动物园也是一件好事。所以我们总是要用这样积极的方式引导孩子从积极的方向去看事情。换一种思路，换一个想法可能就会换一种心情，这也是个人的一种能力。在孩子很小的时候，如果家庭中遇到类似的问题之后，父母都采用这样灵活的、成长型的情绪调节的方式，它就会演变成为孩子的个性之一。

　　我原来给孩子们做过一个很简单的游戏，游戏规则就是当参与游戏的小朋友听到主持人口令说几个人抱团的时候，孩子们就要马上跑到一起抱团凑够人数，被"孤立"剩下的孩子就失败淘汰。每次都有几个孩子不能和别人抱团，当时我就请没有和别人成功抱团的小朋友站在台上，每次都抱不成团的那个小姑娘甚至直接就哭了，我就和蔼地说："我发现你是一个特别善良的、特别会体谅别人的小姑娘。是不是啊？"她看着我，可能还没理解我说的是什么，她就先点头说："是。"然后我接着说："我看到你每一次即将和别人抱团的时候，你都往后退一步，你都把这个机会让给别人了。"这个小姑娘可能立刻就从认知上面换了一个视角——"我不是被别人抛弃的，是我主动让别人的"。她一下子状态就不一样了，整个人就又开心和轻松起来了——"对，我是个善良的人，是我主动让你们的。"这样想，孩子的精神状态就会不一样。其实生活中很多这样的情况，你换一个视角去看，就可能会看到另外一处风景。所以要学会好的情绪调节的方式，世界还是那个世界，但是幸福就已经转念间来到了我们的身边。

王异芳： 这种认知重建的能力是我们一生都要去修为的，也是特别激发我们创造力和想象力的。我们的创造力、想象力足够丰富，我们的生活就会变得美好，因为我们可以有特别美好的认知去看待这个世界。

家长感言

这次的家庭教育课堂让为人父母的我受益匪浅，让我深刻地认识到管理儿童情绪的关键是接纳和共情。首先，课堂让我们了解到孩子为什么有时候会有一些奇怪的举动，那多半是因为自我意识和情绪在"作祟"，那是孩子发育过程中的正常现象。其次，知道了当孩子出现负面情绪时我们应该如何处理。我们得接纳孩子的情绪，然后需要通过共情让孩子的情绪有出口，要引导孩子合理、恰当地表达情绪。最后，我们需要给孩子提供高质量的陪伴和营造有爱的家庭环境，使我们和孩子搭建起良好的亲子关系。只有充满信任、支持和爱的亲子关系，才能促使孩子愿意跟我们沟通，才能让孩子用合理的方式表达自己的情绪，让孩子更独立健康地成长。

广东省佛山市南海区西樵中心幼儿园　吴××家长

我最头痛的就是孩子很容易哭。孩子在大庭广众之下一哭闹我就急，我为了快速制止孩子哭闹，要么走远让他跟上，要么就是抱着他离开人群。通过观看"家校共育，立德树人"家庭教育公开课，我才了解到原来哭是孩子的语言，是孩子正常的情绪表达，孩子通过哭闹表达自己的诉求，也反映了他个人的主张。如果孩子不顾场合、不计后果地哭闹，我们家长需要正确地引导和教育，帮助孩子找到一种疏解自己负面情绪的方法。在不开心的时候，孩子能够通过恰当的途径把那些不愉快的情绪表达出来，这样才有利于孩子的心理健康。

广东省东莞市道滘镇四联小学　魏××家长

小孩子需要家长的细心与耐心的教导，家长要试着和孩子成为朋友，多去倾听孩子的心声，以合理的方式去教育孩子，让孩子在一个良好的环境中全面发展。对于孩子的脾气要懂得包容，耐心听完孩子的意见。父母是孩子的第一任老师，要给孩子树立一个榜样。要爱得适度，爱得恰到好处，懂得在包容与约束之间恰当切换，既不去伤害孩子的心灵，又做到不溺爱孩子，正确培养孩子。培养孩子促其成人，则不愁其成才！

贵州省开阳县第一小学　张××家长

专题五
做人，做事，共处——良好品格伴我行

专题导语

儿童期不仅是智力开发的重要时期，更是塑造良好品格的最佳时期。家长都希望自己的孩子能成长为独立思考、乐观坚强、勇敢自信的人，做未来世界的主人。什么样的家庭教育能培养出孩子的独立、抗挫、分享等优秀品格，为孩子的未来保驾护航？本期专题即以文字转录形式收录了来自中国儿童中心副主任、学前教育部部长兼实验幼儿园园长杨彩霞博士，首都师范大学学前教育学院夏婧副教授关于上述问题的分析与讨论，希望通过专家的智慧点拨、案例分享及科学建议等方式给予广大家长以启发和思考。

专家简介

杨彩霞，教育学博士，研究员，中国儿童中心副主任、学前教育部部长兼实验幼儿园园长。自1993年在湖南大学幼儿园任教开始，已从事学龄前儿童教育工作将近30年，发表数十篇教育随笔，提出通过共情来润泽儿童的心灵，为儿童身心的健康发展提供良好的共情环境，在家长和教师的共情中培养儿童的共情意识与共情能力，从观念和行动层面真正实现"共情润心"的教育目标。在工作中眼光长远、处事果断、管理有方。对待孩子细心温柔，极具亲和力，被幼儿园孩子们亲切地称为"园长妈妈"。

夏婧，教育学博士，首都师范大学学前教育学院副教授，硕士生导师，中国学前教育研究会教师专业发展委员会副秘书长，中华儿慈会起点工程专家组组长，中国儿童品格与家庭教育专家。主要研究方向为儿童品格与社会性教育、家庭教育。先后在国内核心刊物发表多篇基础教育与学前教育事业发展与政策的研究论文，并参与出版多部论著。主要担任学前教育学、学前教育科研方法、幼儿教师教育等课程的教学工作，并承担教育部人文社会科学研究青年基金项目"弱势儿童学前教育扶助有效机制的比较研究"、北京市社会科学界联合会青年社科人才资助项目"北京城乡一体化格局下幼教师资均衡配置研究"等科研项目。

兴趣体验"大拼盘",我的兴趣我来挑

主持人： 很多家长有疑问：让孩子做这个，孩子过几天就没有兴趣了；让孩子做那个，孩子过几天又没有兴趣了。该如何培养孩子的兴趣呢？

杨彩霞： 孩子的兴趣其实是跟孩子的需求相关的。如果说爸爸妈妈主导孩子的兴趣来带动着孩子去玩、去体验，这些兴趣点可能不是孩子真正的兴趣所在。家长一定要尊重孩子的需求，了解他此时的所思所想，尊重孩子的特点，看他的兴趣到底是什么，然后再引导孩子去完成他所喜欢的兴趣活动。实际上孩子在幼儿阶段，他是天生敏锐的观察者和发现者，对许多事情都愿意去探索、去尝试，这是他的天性；我们往往没有尊重孩子自己的兴趣，这容易把孩子的天性抹杀。所以我觉得谈到"兴趣"的话题，首先是要特别尊重孩子的需求。其次，很多的兴趣需要培养萌发，需要过程积累沉淀。举例来说，小朋友对有些东西天生好奇，但是他有可能是"三分钟的热情"，新鲜劲儿一过就不感兴趣了。但我们从孩子未来发展的角度来看，兴趣需要孩子持续坚持，这样才能专注于某个领域或者某个学习任务里面并取得成就，获得自信心。

再往深处说，如果能把兴趣变成职业，把人生和事业很好地结合起来是最好的结果。小朋友的兴趣应该怎么样培养，对家长来说是一个重要的课题。比如爸爸妈妈说"孩子你需要去游泳"，就不顾孩子的想法和愿望，把孩子送到一个游泳的培训班，可是孩子有可能并不喜欢，家长送他进去，孩子流着眼泪也不情愿进游泳池里去。在这种情况下，孩子肯定不可能持续地做游泳这件事情。其实游泳对于孩子来说是一个生存技能，不论从家长期盼的角度，还是从生活的角度来说，学习游泳的确都是必要的，那家长应该怎么样去培养他的兴趣呢？其实孩子小的时候会特别喜欢探索水，家长这个时候可以带着孩

子、引导孩子去玩水，在盛满水的小盆里放各种玩具，或者和孩子一起去玩水枪的游戏，甚至让孩子在水中洗澡，等到孩子对水没有恐惧之后，家长再慢慢地引导他跟教练学习如何在水中畅游。这样的做法会让他的兴趣持续和稳定下来。在游泳的过程中，其实家长也要随时跟进和配合教练指导孩子。家长要知道孩子在游泳的过程中可能会遇到两个困难。第一个困难，孩子可能对下水的一瞬间是缺乏安全感的，这个问题的解决对策可以通过前期的戏水活动和水上游乐等活动让孩子对水不恐惧。第二个困难可能是在学游泳的过程中，孩子在有些姿势的协调和换气方面是比较困难的，这个时候家长可以有一些辅导配合策略。例如，在家里可以根据教练的要求，拿一盆水让孩子练习"吐气、呼气，吐气、呼气"。所以在我看来，孩子的兴趣一定需要涵养，需要家长帮助支持。再比如孩子学乐器，妈妈很容易为陪伴孩子练习而抓狂，但是现在也出现了乐器陪练人员，有好多家长就说自从有了陪练，就缓和了亲子之间的矛盾。但是实际上借助陪练只是一种方式，孩子在练习乐器的时候，是需要家长耐心引导，让孩子逐渐对外界事物感兴趣的，与此同时家长要真正地鼓励支持孩子，当家长看到孩子有些许进步的时候，要及时表扬孩子。所以说兴趣的培养是需要涵养的。

我认为在引导孩子兴趣的时候要把握两个点。首先就是要鼓励孩子做自己真正感兴趣的事情，并且尊重孩子的想法。如果孩子主动提出说"爸爸（妈妈），我想要学轮滑"，家长也观察到了孩子确实喜欢轮滑，也能够坚持下去，那么家长这时就应该尊重孩子的选择。其次需要涵养孩子的兴趣。在孩子小时候，家长需要提供给孩子一个"水果拼盘兴趣餐"，主动让孩子接触各种活动，比如说音乐类的、舞蹈类的、户外类的、自然类的、探究类的兴趣探索活动等，让孩子敞开胸怀去探索——玩和探索也符合这个阶段孩子的特点。在这个基础上家长持续地关注和支持孩子，让孩子在兴趣发展的道路上越走越远，最后让孩子把兴趣摆在坚持的基础上，力求让当下的兴趣跟未来的事业结合起来，那才是最完美的状态。

为自己的孩子点赞

夏　婧：很多家长，第一是有比较的心理，经常是说别人家的孩子学了什么，我们家孩子也要"紧随其后"。第二是有弥补性心理，自己小时候没学过的，要提供机会让自己的孩子去学。这在根本上涉及父母的儿童观——你怎么看待孩子？他是你的附庸？他是你的复制品？还是他是一个有着独立思想和未来发展可能性的人？如果把孩子当成有独立思想的人，父母就会尊重孩子发展的一切可能性，尊重孩子的兴趣点。

　　　　孩子表现出对什么都不太感兴趣的原因可能跟孩子的气质类型有关系。有的孩子确实是属于比较慢热型的，这样的孩子在培养兴趣的实践操作之前，可以通过观看一些影片、观察图片激发兴趣。比如去海边之前，跟孩子探讨大海的种种自然现象或者告诉孩子去大海边他可以玩儿什么，目的就是激发孩子对大海的一种向往，让孩子自身由内而外萌发出一种感受，让他产生一种内在的兴趣或者动机。

　　　　有的孩子可能对很多东西都很感兴趣，"三分钟热度"的小朋友有很多，这跟他的气质类型、家庭教育也有关系。对于这类小朋友，家长就要强调在兴趣培养过程中的坚持性，也就是意志品质的培养，让孩子能够在兴趣培养或者在技能学习、特色学习、特长学习的过程中强化他的坚持、耐心、坚韧的人格品质，这可能对孩子来说更为重要。

爸爸妈妈也需要"断奶"

主持人： 如何培养孩子的独立性呢？

夏　婧： 独立性有两个重点，第一个就是怎么样让孩子独处。实际上这与妈妈从本质上怎么样看待她跟孩子的亲子关系和如何实现亲子互动，以及在这个过程中的时间分配有关。另外一个就是如何培养孩子的独立性。现在家长很重视培养孩子的独立性，网上有一句话，叫作"我不能陪你走一辈子，我只能陪你走一阵子，所以以后你要自己慢慢地去走"。从这句话中我们就能看出来独立性特别重要。经常有人会说亲子关系是逐渐走向分离的关系，并不是说物理空间上的分离，而是说亲子教育的一个核心就是要培养孩子独立面对自己未来的人生的能力，这对于男孩女孩都同样重要。家长在这个过程中也需要"心理断奶"。比如孩子新学期第一天入校，可能很多时候不是孩子在哭，而是爸爸妈妈、爷爷奶奶在哭，家长要适应这样的一个过程。

另外，一个人的独立包括很多方面，对于学前儿童来说，家长要特别重视以下几个方面。第一个，在生活习惯和生活能力方面的独立。比如说培养幼儿园小朋友独立上厕所、独立用餐、独立睡觉、独立收拾物品等生活习惯，在幼儿园中需要非常关注这些能力，家长要能够做到彻底的放手，或者说心态上彻底放松，让孩子能独立解决问题。

第二个，在问题解决方面的独立。比如有两个孩子因为一些事情没处理好打起来了，现在的家长一般会有以下处理方式。第一类家长让孩子自己去解决。这个有一定道理，但是家长没有做到很好地去引导孩子形成独立解决问题的能力——放任孩子解决问题和引导帮助孩子解决问题这两者之间是存在差异的。第二类家长处理时可能会包办、代替。家长主动去找另外一个小朋友理论或者找小朋友的家长来解决，甚至还会出现家庭与家庭之间的矛盾。

　　让孩子独立解决的问题其实就包括人际问题。因为在社会交往过程中，人际问题很复杂，那么怎么样让孩子从小解决这个问题呢？给家长"三步曲"建议。第一步，要接纳孩子的情绪。孩子可能跟别的小朋友打架了，或者别人抢了他的玩具，然后孩子这个时候非常伤心，家长千万不要说"这有什么可哭的，你都这么大一个孩子了"，或者"你是一个男孩，有什么可哭的"等类似的话。表达情绪是人类基本的权利，不管男孩还是女孩，都只是个孩子，家长要接纳孩子的情绪。比如家长可以跟孩子说"妈妈知道你现在很伤心"，告诉他你的情绪我是理解的，妈妈曾经也有过，让孩子能够在你面前去表达和表现，这是最基本的做法。第二步，帮助孩子澄清问题。家长看到的常常是孩子外显的情绪，比如哭闹，甚至满地打滚儿。但是家长没有帮助孩子澄清引起他情绪的背后原因，让孩子认识到问题本身。比如你现在伤心是不是因为 A 小朋友抢了你的玩具，或者是不是因为 B 小朋友不想跟你玩。第三步，鼓励孩子自己想办法解决问题。可能在家长看来，孩子的办法比较荒唐幼稚，不会成功，但是家长可以鼓励他，让他尝试一下自己的解决方式。如果没成功，回来了还在哭，那家长可以再去跟孩子一起讨论解决问题的办法，鼓励孩子自己去尝试解决问题。有了一次、两次、三次的尝试以后，小朋友独立处理问题的意识、态度和能力就逐渐形成了。放任孩子自己去解决，从家长的意识来说这是对的。但不仅限于此，家长要赋予孩子能力，孩子才能走向独立的人生。

　　另外，就是孩子高质量独处的问题。在幼儿阶段，我觉得家长首先要从意识层面重视培养孩子的独立性。但是我们也得分析孩子的年龄特点。根据我们的观察及研究，在幼儿阶段的孩子独处的时间或者注意力集中的时间实际上是有一定的限度的，比如 5 岁的孩子能够集中注意力的时间也就是 20 分钟，但是如果他能够去开展探究，比如玩乐高积木、玩纸牌游戏等孩子特别感兴趣的活动的时候，孩子可能半个小时或者 40 分钟都可以认真专注。从这个研究出发，家长培养孩子的独处能力一定要回归到孩子的年龄特点，而不是说我担心孩子影响我在家工作，就让孩子去独处。其次，家长要理解不同年龄段的孩子对独处的需求。比如我的女儿现在六年级了，她真的需要独处了，她会说："妈妈，请你出去，我要写作业了。""妈妈我要干吗了请您怎么样"的表述开始增多，所以不同年龄阶段对独处的需求是不一样的。在这里我也要提醒家长，幼儿阶段孩子还是会缠着你、黏着你，在某种程度上家长要判断孩子是否有一种情感的需求或者一种安全感的诉求，如果的确有这种诉求，我建议家长要多拿出时间陪伴孩子，不要强行让孩子独处。再次，家长也要教会孩子独处，在掌握儿童年龄段特点的情况下，为孩子提供力所能及的安静活动的机会，比如看书、画画，但时间不要太长。最后，我认为家长在处理孩子独处和家长自身的生活状态、工作状态和休闲状态之间要采取一定的平衡。有一些家长一回家就开始看手机，直接把孩子甩在一边，让孩子自己去玩。建议家长花更多的时间且更高质量地陪伴孩子，在生活点滴中陪伴，让孩子能够在生活中学习，让孩子自己学会穿衣服，学会洗自己的小袜子——不论洗得干净与否，家长都应该鼓励孩子，不要去打击他。这样孩子才一点一点觉得自己是个能干的人，才能自豪地相信"我自己的事情能自己做"。其实孩子具有独立性或者自己独处的前提条件就是孩子本身很有安全感，很有自信，这样他才能够很好地做好"一个人的事情"和"一群人的事情"。包括孩子在社交过程中，家长需要了解孩子独立解决问题的方式，这是非常重要的，家长要适当处理好孩子独处和孩子是否真的需要家长的情感需求之间的关系。孩子在幼儿阶段特别珍贵的要素是亲子陪伴，孩子得到父母陪伴的时光是一去不复返的，所以这段时间家长需要花更多的时间陪自己的孩子，需要培养孩子独立的习惯、行为和方法，整个过程是与孩子不断博弈的过程。

我的果汁分你一半

主持人：现实中，很多小朋友小的时候会被家长教育要学会分享，有些小孩就会哭闹，那么两岁的孩子应该学会分享吗？

夏　婧：现在的很多家长经常在孩子小的时候说："孩子，你要学会把自己的东西拿出来跟别人分享。"实际上，两岁的孩子刚开始萌生物权意识，他慢慢地知道了哪个东西是我的，哪个东西是别人的。孩子会特别看重这些，所以这个时候家长不必要强求他一定要把东西拿出来和别人分享。不过从心理学角度来说，分享其实是未来社会能力的一个重要组成部分，分享有很多方面，包括与他人分享美食、与他人分享思想，甚至与他人分享爱。如果分享意识从小培养好的话，其实是为孩子未来的人生打下一个很好的基础。孩子大约到 3 岁就进入幼儿园了，家长在平时的观察中也能看到孩子们在一起玩游戏的时候，别的孩子不动 A 这个玩具，自己的孩子也不去动，但如果别的孩子一拿到 A 玩具，自己家孩子马上也要抢到拿着玩，他甚至为了不让别的小朋友玩这个玩具，自己一个人站在角落里玩。这些行为是老师和家长要重视的，家长一定要教给孩子分享。第一，家长在与孩子的交流沟通中不要去强迫孩子做什么事情，一定要在孩子处于有意愿做某事的情绪下去引导孩子分享。第二，在家里的时候，家长和孩子可以玩一些相互分享的小游戏，设置一些分享的场景，比如可以采用传递话筒或者传递游戏骰子的情境（击鼓传花），谁被选中就来分享和表达自己的一些经历的收获或者感想，这其实是一种最基本的分享体验活动。再比如家里现在有一盘水果端上来了，就这么简简单单的一个生活事件，其中也可以有感恩和礼貌的教育，教会孩子把东西先分享给爷爷奶奶和爸爸妈妈吃，然后自己再吃。这其实不仅仅是一个简单的分享行为，家风、家规的影响熏陶也蕴含其中，要使用这种"无形的力量"让孩子形成分享的习惯。

与此同时，家长要创造一些真实情境，让孩子跟别的孩子玩。还可以提前教孩子掌握一些与他人社交的技能，比如让孩子学会表达："我想玩一下你的玩具，我把我的玩具借给你玩，你把你的玩具也借给我，好吗？"其实孩子是很聪明的，你这样教给他一些方法，孩子就能够很顺畅地分享一些东西给别的孩子玩。我觉得总体来说家长的鼓励和引导行为，是认可孩子当前心理发展特点的表现，尤其是孩子四五岁的时候，分享是迫切的内在需要，他与别人交往的时候，需要有一些"共赢"的体验，所以家长要创造条件支持孩子分享。我觉得家长培育孩子的分享能力对孩子来说是很重要的，尤其到了初中，老师和同学都会喜欢这种大方友好、乐于分享的孩子，这也会深刻地影响他以后人生的人际关系和交往。

杨彩霞： 我在给家长讲课的时候，经常说家长朋友们千万不能溺爱孩子以至于出现"转盘子现象"。比如有的家长带着自己的孩子参加婚宴，餐桌上上来一盘特别好吃的菜，有一些家长可能会首先转到自己的孩子面前，先给孩子夹了菜再给别人转走。这个看似普普通通的行为，其实对于认知和思想发展水平仍有限的学前儿童来说，他会从心里默认以后再有这种好东西还应该我先获得。

同时家长培养孩子的分享意识时，一定要搞清楚以下事情。首先，不一定事事都需分享，不一定所有的物品都需分享。孩子可以拥有自己不去分享的东西，拥有自己不去分享的空间，也可以拥有自己不去分享的心情，对于成人而言也是这样。其实这又涉及儿童观的问题。家长是否把孩子看作一个独立的人？是否充分尊重他？其次，要清楚学前阶段的孩子正处于儿童道德发展的他律期，孩子很多行为，包括孩子未来做事情的准则是基于别人对自己行为的判断和评价进行的，所以要搞好家庭教育。家庭内部的一致性非常重要，对于这个问题家长一定要跟家里人，尤其是老人沟通清楚。孩子今天偶尔表现出了一个分享行为："奶奶，你吃一个橘子吧！"我们中国的奶奶会怎么说呀？"宝贝，我不吃，你吃，你吃了以后才会长高高。"奶奶说这样的话是出于对孩子的爱。但实际上如果在这个时候奶奶能对孩子的分享行为做出积极的反馈，给予表扬、肯定和鼓励，并且面带愉悦、大口地把孩子分享给你的橘子吃掉，孩子就能从心里感受到我分享给别人东西是一件让别人感到快乐的事情，那以后就会更多地去表现出这种行为。因为孩子品格行为的展现，很多时候是来自一种情感体验的不断强化，最后稳定成一种固化的行为。

爸爸，我不许你说脏话

主持人：　有的家长反映，孩子在 3 岁的时候会突然说脏话，这是什么原因呢？

夏　婧：　有的家长会发现孩子突然说了一句脏话，而且他知道孩子现在说出来脏话是因为自己曾经说出来过后被孩子模仿；但有的家长非常注重自己的语言和行为规范，从来不在孩子面前说脏话，孩子怎么就学会说脏话了呢？其实家庭只是孩子生活的一个空间，他还会去接触幼儿园这样的学习空间，接触社会活动空间。可能有一天孩子在放学路上走的时候，偶尔听到了某一个成人对另外一个成人说了一句脏话，那个听到的人没有生气，反而哈哈大笑，孩子可能就会觉得说脏话是一件很有意思的事情，这种行为就被孩子无意地模仿了。因此孩子说脏话基本上会在 3 岁以后出现，因为孩子这个时候语言能力的发展以及整个认知思维能力的发展都会使其对脏话异常敏感。在孩子 4 岁的时候表现得更加明显，甚至有的专家把这个时期叫作"脏话敏感期"，或者叫"诅咒敏感期"，有的孩子还会说出一些诅咒的话。

家长要知道这背后的原因无外乎有这几点：第一，孩子把脏话作为一种"工具话语"去表现自己进而去吸引别人的注意力。实际上在很多情况下，他说出这些话就像他在你面前做了一个很滑稽的动作一样，这对孩子的小小世界而言就是刷存在感、求关注、表现自己。第二，孩子是在无意识模仿大人说脏话或者他看到的一些不文明现象。那么家长就需要规范自己在孩子面前的表现，要自觉遵守社会规则，因为你的孩子在一直看着你。第三，孩子有的时候也需要去宣泄自己的情绪，但是没有找到适合的办法，他意识到大人说脏话的目的是宣泄自己的情绪，那么孩子也"习得"了这种表达自己情绪的方式。第四，孩子要在同伴中寻找存在感。可能跟他相处的小伙伴一段时间都在说一些"脏话"或"土语"，为了与同伴"一样"，能够融入同伴群体中被其认可接纳，他也会说出这样的话。为什么那么多孩子在青春期表现出逆反心理？其实孩子从道德角度知道这些行为是不好的，但这样做是为了获得同伴的认可。所以面对孩子说脏话的问题，我觉得家长不用过度紧张。

那么家长遇到孩子说脏话的情况应该如何管理呢？首先，孩子说脏话时家长一定要高度重视，在纠正孩子的不良习惯的时候言语一定要温和，但是态度要严肃坚决，就要明确传达给孩子一个观点——你不可以再这样做了，以后坚决不能再说这种话。孩子会通过观察家长的表情来判断自己的行为是否真的错了（他律期的儿童标准的行为方式）。家长的情绪必须是稳定的，但是态度也必须是坚决的，否则家长表现出来的暴跳如雷只能够引起孩子相似的情绪，这对孩子的影响是更大的，甚而产生亲子双方的激烈对抗。其次，家长要建立适合自己家庭实际情况的家规，例如将"在我们家哪些话是不能说的"的表述列进家规中，家规的内容需要随时补充，全家人需要共同遵守，而且家庭内部成员对规则的遵守必须一致。另外，如果孩子在与同伴相处的过程当中出现说脏话的情况，我想家长也应该跟这位小伙伴的家长进行平心静气的沟通，共同用这样的方法去教育好我们的孩子，让孩子的同伴关系更好，每个孩子也能更好。

杨彩霞： 家长除引导孩子使用文明用语外，还需要教孩子做"有教养的中国人"。现在很多幼儿园都在培养孩子的教养习惯，比如幼儿园倡导家长和孩子早上一起来到幼儿园，孩子一进校园就向保安叔叔问早安，要尊重保安叔叔。家长也要以身作则，也要很亲切地问保安师傅和老师早上好。我们也遇到一些家长，孩子走在前面非常高兴地问老师好，家长面无表情地在后边站着，家长这样的举动对孩子是有消极影响的。真正聪明的家长其实会在生活中用自己一点一滴的行为方式渗透好的文明习惯和礼貌用语的教育。与此同时，我们也会在家庭里专门做一些文明礼貌用语的小的训练活动。例如，爷爷奶奶或者爸爸妈妈递给孩子一个东西，孩子需要很有礼貌地接下，然后很亲切地说一句"谢谢"。这个不是见外，这种家庭教养习惯也可以上升到整个家庭的文化氛围和家风层面，这些好的行为方式都会滋养孩子的成长。同样，孩子递一个东西给大人，大人面带微笑很有礼貌地说一句"谢谢"的过程，一定会使孩子幼小的心灵得到很好的滋养。很多时候，孩子会把这种行为传达给他的同伴、他的老师，所以我觉得这个行为在家庭里是特别重要的。

夏　婧： 感恩教育不仅仅是在母亲节的时候给妈妈送一朵花、洗一次脚，重阳节的时候给奶奶做一次饭、收拾一次家务，感恩其实表现在方方面面。比如今天别人帮你扶了一下门，你也应该说句"谢谢"。我们应该让"您好""打扰一下""对不起""请您先来吧"成为人们的口头禅，使这些礼貌用语随时都能够表达出来。这个给予我们帮助的人可能是我们的老师、家长，也可能是在日常生活中给予我们帮助的任何一个人，哪怕他今天帮我们按了一下电梯，或者给我们送了一个快递，都是值得我们尊重和感谢的。这才是我们应该去注重、去引导和培养的孩子的习惯心性。

儿子，爸爸也是你的知心好友

主持人： 有时候在幼儿园看到一些孩子崩溃大哭，就是因为没有拿到小红花。怎么让他能够抗击这个挫折呢？因为未来人生的挫折太多了。

杨彩霞： 现在有很多家长认为，应该故意让孩子经历挫折教育来增加孩子的抗挫能力，这我是不赞成的。首先家长应该知道我们不需要人为地给孩子制造很多挫折情景。家长的"挫折教育"方式往往简单粗暴，觉得我的孩子需要接受打击，要训练他。但父母这种做法肯定会对孩子的自信心有消极影响。但从另一方面说，家长一定要磨炼孩子的抗挫能力。其实社会生活中有很多的困难和小矛盾，也许在这个阶段你所经历的是一个非常大的挫折，等你翻越过当前生活的这座大山，回头再看自己走过的路时，自己也能发现，过往的经历其实也没什么。只要感悟到这一层，那么抗挫能力就是提升了。有一个经典的心理学研究叫作心理韧性或者心理弹性测试。如果你具备很好的心理韧性，那么当你面对生活的一些变故或经历一些逆境的时候——例如现在疫情期间，我们就需要面对一些挫折和困境——就会表现得很顽强，不会出现发生一点小矛盾就跳楼的情况。抗挫能力还是需要从小抓起。

那么具体来说如何培养孩子的抗挫能力呢？我觉得有以下几点：第一，家长要有比较宽容的心态，去接受遇到挫折时孩子的情绪表达。孩子有时候甚至会发脾气和大哭大闹，家长不能够以同样的情绪给他"怼"过去，这样的话孩子又会"习得"一些以负面情绪来解决负面情绪的做法，如此恶性循环的过程是很不好的。这个时候家长要静下心来，耐着性子接纳他当时的情绪，比如安慰孩子说"我们其实都是这样，谁失败了都会沮丧"。家长应该有共情能力，看着孩子，默默陪伴着他坐一分钟，说："你现在的感受有点不太好是吗？妈妈陪你一起分担一会儿，好吗？"就是这么简单的几句话就能让孩子情绪平稳下来。第二，要告诉孩子两个字——豁达。现在的家长有时候过分保护孩子，不论孩子遇到个什么事儿都特别当回事儿，平白无故制造很多紧张气氛。其实我们家长一定要常宽慰孩子，孩子的世界很小，他就会觉得现在遇到的事是天大的事——哪个玩具没拿到、今天考试没考好或者今天被老师批评，等等，这样的事情发生在孩子身上的时候，他会觉得很严重，甚至过不去这个坎。但是作为家长必须告诉孩子，要做到心态豁达，"没事不找事，遇事不怕事"，这个事情出现问题，那么我们去解决就好了，不必拥有过多的悲伤和其他情绪。其实这种心态也反映出家长的乐观，有时候家长的豁达心态就能够很好地影响孩子。生活中家长也需要把孩子当作朋友，多跟孩子讨论讨论自己的事情。比如爸爸在单位竞聘某岗位，可惜这一次没有选上，爸爸晚上回到家，跟孩子说："你看爸爸竞聘虽然也努力了，但是还是没有那么优秀，没被选上，不过没关系，后面还有机会，爸爸会继续努力的。"生活中的点点滴滴其实都是很好的跟孩子互动的素材。比如刚才说没有竞聘成功，作为家长面对自己遇到的挫折是什么态度？是怎么总结原因的？以后要怎么努力弥补自己的不足？等等。通过与孩子分享交流，孩子也能从家长的亲身经历中收获一次生动的

"社会"课程，也会明白自己日后应该怎样应对挫折，怎样保持豁达的心态。第三，培养抗挫能力说白了还是要培养孩子自己解决问题的能力。家长不能喊口号"孩子你要有抗挫能力，你要经受得住磨难"，却每天把孩子照顾得像温室的花朵一样。要教给孩子应对困难的方法，要有意识地培养孩子独立面对困难、解决困难的能力。第四，家长还要在家里营造一些开明轻松的氛围，这有助于培养孩子良好的心理弹性。积极的心态和良好的心理弹性比什么都重要。

夏 婧：这就是赋能给孩子。一方面就是刚才杨老师说的，家长要跟孩子讨论自己生活中真实经历的事情，而不是给孩子建构（假设）一个所谓的"生活情境"。另一方面，家长要培养孩子看待问题的价值观、世界观，培养他解决问题的能力，家长自身的豁达或者抗挫力也会成为孩子未来的一个行为模式。

学习力决定孩子未来

主持人：现在有很多家长提到学习力，学习力包含哪些方面呢？

杨彩霞：学习力也叫作学习品质。多国的研究者所做的广泛调查表明，学习力是学生最重要的诸多能力的集合，包括了孩子的人格品质、意志品质，还包括了好奇心、专注力、耐力和创新能力；在孩子未来的学习发展中，这些内容都是构成学习力和个人整体素质的重要支撑。我们经常说，一个人未来的发展20%取决于他的智力因素，80%取决于他的非智力因素，而这20%智力因素又有很多非智力因素的支持。实际上，学习力就是在培养孩子的非智力因素。有研究者曾经研究过获得国家科学技术进步奖的25位最顶尖的科学家，发现他们在小的时候并不是所谓的天赋异禀的"神童"，这些科学家在小时候甚至智力平平，是很普通的孩子，但是从他们身上反映出的学习力——专注力、坚韧性、强烈的学习动机等，都是能使他们成才、成为国家栋梁的真正重要的基础。

主持人： 这些重要的点细分下来，该如何培养呢？

杨彩霞： 我先来说说专注力。很多家长在孩子小时候不注意培养专注力，到了小学之后，就开始着急了。其实专注力特别重要，孩子小时候的专注力会有不同的表现，家长可以按孩子的表现去培养。比如3岁的时候，老师给大家讲故事，说到孩子感兴趣的细节时，孩子就会用眼睛看着老师去认真听；但到了四五岁的时候，孩子不光能听懂一些内容，在老师讲完故事后孩子就能很快地将他听到的内容记住，并能够用自己的话复述刚才听到的故事。其实这个过程中就包含一个育儿问题——怎样培养孩子的专注力？家长可以在家里给孩子讲故事，给他创设安静的环境，家长跟孩子讲话的时候，让孩子的眼睛不断看着你，和孩子有及时的互动和眼神的交流；家长还可以讲一小段故事后让孩子即刻来复述，让孩子带着"任务"来听你的故事，比如讲《西游记》某一个小片段的时候，家长就可以跟孩子说："你复述一下猪八戒刚才干了什么。"这就是专注力的一种锻炼。

其实专注力训练中有一个很重要的因素就是环境。现在有的家长不注重环境对孩子的影响，比如有些家长喜欢打麻将，家长就"专注"于自己的活动，可是转过身来却对孩子说："你别受我们的影响，你要专注。"我觉得我要是这个孩子，我也做不到在那种环境下专注。很多家长还是挺明智的，回到家里之后就把电视关掉，家庭环境能保持安静，孩子的节奏自然就会慢下来，心就容易静下来。我们研究过很多的案例，有些妈妈喜欢边干家务边"听"电视，让电视声音回荡在客厅里边，这时在家中的孩子就会不自觉地听电视里的声音。总之，父母需要注意外界环境对孩子注意力和专注力的影响。

值得注意的是，家长要让孩子做他自己喜欢做的事情。孩子做喜欢的事情就能专注，所以家长可以陪孩子做一些他自己感兴趣的亲子活动。我们可以看到，爸爸妈妈陪孩子玩游戏的时候，孩子就会很专注，就会很开心地围着爸爸妈妈转。但是家长要掌握孩子的一个特点，就是孩子重复玩游戏四五遍之后，可能注意力就分散了，这是正常的；注意力的培养需要循序渐进。

　　专注力是需要鼓励的。比如家长陪孩子看图书的时候，假如孩子今天认认真真地看了两分钟书，那么这时家长就可以说："孩子，你真棒！你今天很认真、安静地看了两分钟书，你告诉妈妈，故事里面讲了什么。"这时候孩子就会很乐意很认真地跟你复述故事里的内容，这样的言语激励就会促使孩子继续专注读书。

主持人：在这次疫情期间，在武汉的方舱医院有一名轻症患者，他在医院中一直表现得很安静，举止文雅，说话轻声细语，并且一直在看书，后来知道他是一位博士的时候就觉得："哎！这名学子能读到博士简直太正常了。无论在什么样的环境下都可以学习读书，这样的人不成为博士，谁还能成为博士呢？"其实这名学子身上就有我们刚才谈到的各种各样的学习力。他有抗挫的能力，虽然是轻症患者了，但是依然豁达、乐观。这就是他的抗挫能力和学习力的体现。

夏　婧：还有一个小男孩在地铁里看书，大家都说这样的孩子以后不成为真正的学霸，谁还会成为学霸。但是我们需要知道在这个过程当中，就像杨老师刚才说到的，他为什么会那么专注？其实这里面有两个很重要的因素：第一个，他有内部动机，他发自内心地想去学，想去看，想去了解。就像那个博士在方舱医院之所以那么专注，他真的不是在作秀，是他真正地由衷地想去了解和学习某个领域的知识。第二个，就是他的抗干扰能力非常强。小朋友年龄比较小的时候，可能他的专注力、转移能力、分配能力和抗干扰能力还相对比较弱，但是如果我们能够在学前阶段有意识地去训练，那么专注力它其实就像肌肉一样，练练是可以练出来的。今天两分钟、明天三分钟，除了言语上的鼓励，家长还可以自己在家做一个记录表，给孩子记录下来，给孩子打卡，让孩子体会到坚持的快乐。

杨彩霞： 现在有很多家长是"重智轻德"的，很重视孩子知识的学习。但是家长不光要重"学"，也要重"德"，借用中国儿童中心丛中笑书记的一句话就是：德是一，其他是零。一个人若无德，他就不是一个合格的社会公民。所以家长要肩负起培养孩子品德的主体责任，这个事情不能只交给老师，也不能交给同伴，生活化、情景化的家庭生活是品格培养的一片沃土，更是得天独厚的条件。所以希望家长朋友们要更重视孩子的品德培养，肩负起主体责任，为培养能担当民族复兴大任的时代新人而努力。

家长感言

听完杨园长、夏老师的指导，我明白了对孩子进行品德教育极为重要。在孩子品行形成过程中，家长的作用举足轻重，因为家长是陪伴孩子的第一人，也是陪伴时间最长的人，可以说家长是孩子一生的老师。家长的一言一行时刻影响着孩子，在家里，我们要严格要求自己，言行谨慎，通过良好的言传身教，处处做孩子的表率，杜绝不文明言行，空余时间多看书、多充电，有意培养孩子"与书为友"的习惯，让孩子在潜移默化中得到提升。而家庭和睦，全家人互相体贴和尊重、遇到困难时同舟共济、喜悦时共同分享的融洽氛围，也是孩子健康成长的重要因素。每一个孩子都希望有一个欢乐、幸福、祥和的家庭，在这样的氛围中，孩子会感受到生活的温暖、成长的快乐，会形成健全、积极向上的人格。

广东省佛山市第六小学　黄××家长

这一期家庭教育公开课中，有一位妈妈讲述了她的家庭情况以及教育方式。我觉得和我的家庭情况和教育方式很相似，就是孩子非常依赖我，独立思考和独立解决问题的能力较差。那如何引导孩子形成独立解决问题的能力呢？专家建议：第一，要学会接纳孩子的情绪。第二，帮助孩子澄清问题。第三，鼓励孩子自己想办法解决问题。第四，要赋予孩子解决问题的能力。孩子在未来都要走向独立的人生，家长要这样去培养孩子，孩子才会形成独立解决问题的能力。我觉得专家说得很有道理，我们父母确确实实需要深思怎样引导好自己孩子的成长。专家的解答解决了我的很多困惑，公开课为我提供了很多好方法去教育和引导孩子成长。

广东省佛山市禅城区中心幼儿园　徐××家长

家庭教育公开课本期节目谈到了帮助幼儿管理情绪、引导孩子形成独立人格、学会看待自己的失败等话题，我觉得这些话题说到了我的心坎上。作为家长，虽然我们也知道"恨铁不成钢""看看别人家的孩子"等挫败激励的教育方法往往会适得其反，但总是管不住自己；当面对自己的孩子一次次跌倒和失败时，也会有很强烈的"去扶一把""去帮他完成"的冲动。

记得我女儿3岁学骑自行车时，不知道怎么用力踏脚踏板让车动起来。当时我们又是鼓励安慰，又是手把手地教，但都无法让她身体放松下来。最后我对她说："不要紧的，也许自行车还不懂得怎样才能背起你呢，等你和自行车都长大一些，就自然会了。"她于是放松下来，没有再想这件事。很多时候，"跌倒不要紧，失败重头来"与其说是一种口头激励，还不如说是一种发自内心的尊重。就像我女儿学车这件事，如果我们仅仅是口头激励，其实孩子在情绪很激动的时候，是无法接受和理解的。但我放弃了这种口头激励，而是站在她的立场上，用一个小玩笑来让孩子"有台阶下"，同时，让她自己选择在适当的时候继续尝试。其实意思和目的跟"跌倒不要紧，失败重头来"是一样的，只不过后者更适用于成人。我觉得真正与孩子们心灵相伴、共同成长、相互尊重，才是最重要的，因为只有这样，他们才能成就最好的自己，才会创造更充实而美好的生活！

广东省佛山市机关幼儿园　王××家长

专题六
学会学习——做乐学、善学的学生

专题导语

每一位家长都希望自己的孩子有浓厚的学习兴趣和良好的学习习惯。作为家长，该如何引导孩子乐学会学呢？本期专题即以文字转录形式收录了来自首都师范大学博士生导师、青年燕京学者王争艳教授，中国教育科学研究院副研究员刘巧利博士的精彩分享，希望通过专家的智慧点拨、案例分享及科学建议等方式给予广大家长以启发与思考。

专家简介

王争艳，教授，博士生导师，首都师范大学青年燕京学者，发展心理学专业委员会委员。长期研究婴幼儿发展与早期教育；尝试用动态追踪，多方法、多水平（生理的、行为的和认知的）地探讨婴幼儿的早期发展与养育问题。完成和正在进行国家自然科学基金项目、教育部人文社会科学研究青年基金项目、北京市哲学社会科学规划项目、北京市教委人文社会科学项目及国际合作项目等10项；发表论文40余篇，出版学术著作《婴儿心理学》(2015)，主编的《人格心理学》获2013年北京市高等教育精品教材，并于2014年入选第二批"十二五"普通高等教育本科国家级规划教材，另著有科普读物《妈妈的柔情宝不懂——心理专家矫正好妈妈养育婴幼儿的10种错误行为》。

刘巧利，中国教育科学研究院副研究员，毕业于北京师范大学，教育学博士。在核心期刊上发表论文14篇，如《略论中国古代的"孝"教育》，合著《中华人民共和国教育60年》《中国教育十大热点问题》等8部著作；积极参与及主持了"中部农村劳动力转移培训的对策研究"等20余项为教育决策服务的重大项目课题研究。参编的《中华人民共和国教育史》获得第四届全国教育科学优秀成果一等奖。

学而时习之，不亦说乎

主持人： 古人关于学习的智慧有哪些是需要借鉴和传承的呢？

刘巧利：孔子是一位有着极高教育智慧的圣贤，他曾经说过"三人行，必有我师焉；择其善者而从之，其不善者而改之"等的教育名言。学习对于人的意义就是看你能不能从刚出生的"生物人"成长为一个健康的、合格的、幸福的、优秀的"社会人"。学习被孔子认为是人成长的内在需要，是自我成长的动力，孔子在《论语》开篇就讲到"学而时习之，不亦说乎"，这是"学习"这个词语的出处，意思就是我学习并且温习了，我内心里边感觉很愉悦。除此之外，在《论语·雍也》中谈到孔子的高足颜回"一箪食，一瓢饮，在陋巷，人不堪其忧，回也不改其乐"，句中的那个"乐"，就意味着他的生活在别人看来有点苦，但是他内心有学习的喜悦，所以他一直感觉很快乐。中华民族一直就有"乐学"的思想，那么要想真正做到"乐学"，就应该真的从内心深处感觉到学习是内在的需要，对自己非常重要，而同时也更能体会到参与其中的快乐。当然学习也是讲究一些方法的："三人行必有我师"，这就是说我们要向周围的人学习；还有我们要"博学之，审问之，慎思之，明辨之，笃行之"，这是关于学习过程的规律，我们需要遵循着这个学习过程的规律去学习。除此之外我们还有很多关于读书方法的名言，实际上这些都是我们中华优秀传统文化里边的关于乐学会学的思想体现。

王争艳："孟母三迁"的故事，告诉我们有什么样的环境，孩子耳濡目染就会学什么，他就愿意去学什么，他对什么就会有兴趣。所以如果父母能够给孩子营造一个有学习氛围的环境，那么可能更能够促进孩子乐学，去有兴趣地学习。兴趣是最好的老师，我之前见过一个京剧世家的两岁的孩子一边爬着找玩具，一边就已经哼出了在我听来已经挺专业的京剧腔调了，这就是我说的家庭氛围的耳濡目染。他的家庭氛围给他营造了这么一个环境，所以他慢慢对某个事情就有兴趣了。

学习，为热爱而学

主持人： 当孩子到了高年级，过了对学习的好奇阶段之后，开始觉得上学辛苦了，该怎么引导呢？

刘巧利： 家长需要给孩子树立正确的学习观，这是根本性的问题。因为在现实生活中，我们看到很多家长把学习简化成了数学、语文、英语等学科的学习，又把这些学科的学习等同于作业和考试成绩，实际上家长这样的看法与做法就已经远离了我们所说的学习的本质了。我们要知道"学习"是一个"大家庭"，有学习动机、学习兴趣、学习方法、学习过程，等等，学习成绩只是其中的一个组成部分。在学习过程中好的学习成绩的背后要有好的学习习惯、好的学习环境、恰当的学习方法和坚定的学习目标。所以我们家长也要再反思一下，我们要帮助孩子树立一个什么样的学习观。

王争艳： 孩子对某件事情有一个长久的追求，是需要激发他内在动机的，外在动机太强反而会阻碍他内在动机的发展。

所谓的外在动机，就是像家长每天太过于强调孩子的学习成绩等学习的外在表现，今天考了多少分，在班里排第几名。如果家长太追求这些方面的话，那么孩子就会为了这个外在的动机而去学习，这样反而会削弱孩子本身对知识的兴趣。孩子本来对数学解题或者阅读一本书很有兴趣，但被家长"带偏"后，变成了读书是为了拿好的成绩，解题是为了拿高分，这样就损害了孩子的学习动机。所以家长要尽可能地去激发孩子的内在动机，比如孩子喜欢做题的过程、喜欢画画和看书的过程，这些能带给他快乐，而不要太过强化他的外在动机，不要太在意那些外在的荣誉、表扬、奖状等。要让孩子对学习本身有兴趣，那么这种动机维持下的学习是更持久的。

刘巧利： 要回到学习的本质上。当今家长把学习太狭隘化了，我们现在是要在终身学习的这种背景下去看待我们的孩子，即使是小学阶段，也是在为终身学习去奠基的阶段。所以我们要更重视培养孩子好的学习方法和优良的学习习惯。

学习，在生活中学

主持人：家长怎么保护孩子们的这种天然的愿望和最初的学习兴趣？

王争艳：社会的大环境是很难改变的，但是作为小环境中的家庭是可以改变的。家长可以给孩子树立一个好的学习观念——学习本身也是有价值观的。家长如果在自己的价值观体系里把学习看得很重要，在家庭里面就时常会有所体现，那么孩子就会觉得学习是值得做的和应该做的。从小有了这样的价值观的话，那么孩子未来就不会跑偏。

刘巧利：家长需要保持住孩子学习的主体地位，我们家长不能把学习"异化"成为外在的知识、外在的成绩等，其实应该让孩子感觉到学习是他打开外面世界的一把金钥匙，用这把金钥匙去开启一扇又一扇未知世界的大门，去看一看这个精彩的世界。我觉得只要发现了学习的这样一种意义，他就会保持对学习的这种兴趣。家长也要把书本知识和孩子的现实生活世界联系起来，比方说孩子在学校学基本的加减乘除运算，那么现实世界这种运算的应用是很多的，例如，我们要买多少个苹果，我们一共有多少个人来吃西瓜，要切成几份，等等。我们家长要将学科知识和现实生活世界联系起来，这一点只要用心，就是可以做到的。

主持人：其实任何时候都可以学习。家长不要说我带孩子出去玩，这段时间咱们不用学习了。这句话其实自动地把学习和玩给割裂开了，让孩子心里觉得这是两件对立的事情。但实际上旅游规划行程，也是地理知识的拓展。除此之外，您是不是可以给我们举一些其他学科的例子？

刘巧利： 我再举一个语文学科的例子吧。实际上汉语作为我们的母语，是孩子在进入学校之前就能说得出来也能听得懂的。只不过上学后，孩子会遇到某个字不认识、不会写，这个时候我们就不能说把汉语语言的学习和他原来的生活割裂开来，而是要将语言的学习和他熟悉的日常生活结合起来。比方说我们写一个"日"字，这个字代表着太阳。这个字是一个象形字，"日"的字形就表示头顶上空有一个高高悬挂的太阳，这多形象和生动啊！如果我们这样给孩子举例，就把我们的文化和我们的日常生活与语言文字的学习都给结合起来了，孩子不光认识了这个汉字，而且对汉字表示的意义也能够真正理解了。

　　我接触过一个孩子，他说将来要当一名物理学家，因为学物理学可以制造出来具有大国威慑力的原子弹。家长千万不能浇灭孩子心中的希望之苗，可以引导孩子培养学习能力，告诉他要去学会观察世界，还要去掌握一些科学实验的方法，而且还要去阅读相关的书籍，比如物理学家的传记，等等，这样做对孩子还是会有一些引领作用的。

王争艳： 再比如说在新冠肺炎疫情期间，国家卫健委每天都要更新新增确诊病例和疑似病例的统计数据等，爱看新闻、对数字敏感的孩子可能就会和家长说今天又有多少新增病例了，那这时候家长可以引导孩子一起做一个疫情动态记录折线图表，今天是几号，有多少新增病例和确诊病例；明天又是几号，新增病例和确诊病例又是多少……慢慢记上一周以后呢，就可以做出来一个数据统计图表了，孩子在和家长一起整理数据的时候也就把所学知识运用在了日常的生活当中。

学习是先自律，再自由

主持人： 疫情期间，学生们的上课方式变为在线学习，有些学生的学习效果大打折扣，那么家长怎么样帮助孩子提高这种适应能力，在课堂上可以认真学习，而再出现新的学习方式的时候也能迅速反应，跟上授课进度呢？

王争艳： 我觉得是这样，孩子之间是有个体差异的，有的孩子就是适应快，有的孩子就是适应慢。如果孩子适应慢，家长要在接受这个事实的基础上，想办法去帮助孩子尽快适应。凡事需要先认识到自己的不足，才有可能解决问题，而不是家长一直埋怨为什么我的孩子就适应不了，为什么我的孩子就比别人慢。只有家长接受孩子当前的现实，才有可能解决问题。家长是孩子的"脚手架"，需要想办法让孩子在家长的帮助下往上走，走得快一点。遇到这种适应慢一点的孩子，家长不要去全面否定他、打击他，而是要抓住孩子的闪光点，这其实需要家长"慧眼识珠"。可以这样说："你看，你今天就挺好的，把老师布置的作业记住了，知道今天要做什么作业了。虽然今天没有按时完成，但是你知道老师布置的是什么作业了，这就是个进步。"那长此以往，孩子今天知道记录作业了，明天不仅知道记录作业，还能按时完成了，这就又是一个进步。每天进步一点点，慢慢孩子就适应了。如果孩子真的就是一开始没适应好，那么给孩子每天制订一个小目标，比如，今天争取拿一个数学作业的优秀，或者这一周能拿一个优秀，时间长了，孩子的习惯就培养起来了。

除此之外，孩子学习的自觉问题也值得家长特别关心，就是我们通常说的"自律"。一般来说，孩子到小学高年级阶段，开始知道自己管束自己，自律能力就开始体现出来了。但在这之前，还是需要家长来帮助孩子形成自律的。其实就自律的问题来说，个体之间差异也挺大的，从孩子两三岁的时候就可以看出来。比如孩子玩完玩具后，家长要求孩子一起收拾玩具、把玩具归类，有的孩子就特别乖地把玩具归类收齐了。但有的孩子呢？任凭你怎么和他沟通商量，他就不乐意把玩具归类。所以有些孩子在他很小的时候就表现出遵从和顺从家长的这种能力，但有些孩子是没有的。这种能力就慢慢发展成自律的基础了，所以说家长在孩子小时候、方便管理的时候就要及早规范、引导孩子来遵从一些规范，遵从家长的一些指导，这样才能慢慢地形成他的自律习惯。还有就是家长也是孩子的一个榜样。

孩子在小学期间养成规则意识也很重要。有些父母在家里面立了规则——家庭规则制订得越细越好执行——家庭规则被孩子理解和执行后，孩子在未来的校园生活和社会生活中就会适应得好一些、快一些。在学校里，孩子不仅要跟老师打交道，还要跟同学打交道，那么这个时候各种各样的规则和要求就越来越多了，所以规则意识的建立就特别重要，不仅在家里边要有家庭规则，在学校里也要让孩子知道学校是有规则的。家长如果能够去配合老师，帮助孩子去遵守学校的规则，而不是忽视甚至是拒绝、诋毁老师的规则的话，那么这个孩子的规则意识就会建立得更好，孩子的自律能力也会培养得更快更好。我们也发现生活有条理、有规律的孩子，平时的学习习惯和学习成绩比乱扔东西的孩子要更好。

刘巧利：这个实际上就是习惯的"迁移"。我们刚才也谈到学习本身是一个大的概念，孩子在学习方面表现出的一般能力，是会迁移到其他地方的，包括孩子做事的过程、方法和习惯。家庭是孩子的第一所学校，父母是孩子的第一任老师，父母的言传身教，实际上就是家庭教育的第一原则。这个是为很多事实所证明的。

王争艳：家校共育，首先强调的就是家长一定要配合学校来执行、完善和贯彻学校的规则，这样会有利于孩子的在校表现与成长发展。有些做得很不恰当的家长会当着孩子的面说轻视和拒绝甚至诋毁教师的相关言论，孩子听后就会使学校教育的效果大打折扣。从家校共育的角度来讲，教育效果就不会好起来。

刘巧利：可能有些家长不完全认同学校现在的某个规则，但是也最好不要当着孩子的面这样说；如果家长真的有意见和想法的话，可以到学校去反映、去沟通。现在学校制度里也有这种家校共育的支持机制来鼓励家长去参与学校的一些决策，家长是完全可以向学校反映然后去改善这种情况的。我们家长一定要记住"亲其师才能信其道"，家长如果在我们的孩子面前表现出对某个老师的不屑，那这个老师可能就对孩子没有什么影响力了。

孩子，我们每天一起完成一个小目标

刘巧利：除了学习的自觉，我也想说说生活上的自觉。我见到一些做得比较好的孩子，跟家长一起制订了一整天的日程表，包括几点起床，几点上网课，几点出去锻炼身体等，这些都制订得特别详细，然后孩子执行得也很认真、很好。但有的孩子在上网课时还躺在被窝里，迷迷糊糊地穿着睡衣在听课，网课结束之后还要再补一觉。这也是考验我们家长有没有能力帮助孩子制订好每天的生活学习计划。

王争艳：家长最好邀请孩子一起来制订这个计划。孩子有了这种参与感，就有了主人翁的感觉了，那么他去做这个事情的时候，他就会感觉到快乐。如果家长说"我制订好了，你必须按照我的计划执行"，那孩子就有一种被迫的感觉，他可能就会抵触，甚至破坏家长制订的这个计划。

刘巧利：实际上家长发挥的是一个辅助性的作用，在学习和其他事情方面，孩子理应居于主体地位。我们家长要时刻记住，关系到孩子的事情，孩子必须是主体，家长可以做的是去引导、去辅助，但这个事情必须是孩子自己做的，他是自己人生的主人。

王争艳： 除此之外，家长和孩子一起制订计划后，家长需要监督孩子，让孩子执行也很重要。一个完善的计划没有监督是不行的，因为孩子毕竟是孩子，有的时候他会忘记，他也会想偷懒，他总是有这样那样的原因不能够按计划去执行，那么这个时候家长就需要坚持日复一日地监督孩子执行制订的计划。家长必须要有监督、有检查，孩子才能够执行好。如果光有计划没有检查监督这是不可以的，长此以往，孩子执行计划的效果是不会好的。

刘巧利： 就拿我们工作的单位来说，为了督促每个单位的工作执行情况，还得有相关的监管部门，更何况是那么小的孩子了。

以强促弱，纠"偏"而行

主持人： 孩子往往会偏科，面对孩子不喜欢的学科，该如何引导呢？

刘巧利： 孩子的偏科问题也是经常看到的现象。万事万物的发展都有着不平衡性。实际上从心理学和脑科学的角度来看，我们每个人的左右脑发育是不同的，进而我们的逻辑思维能力、语言能力、艺术能力等方面的发展也是不太均衡的。家长要知道偏科首先是受到先天的生理基础影响的。其次在后天环境方面，受到家长的引导、家庭环境熏陶、孩子个人志趣等的影响。比如说孩子不喜欢教授这个科目的老师，那么孩子可能就会在这个学科上学不好。偏科问题是由很多原因导致的，所以家长不要焦虑，首先认识到它是一个正常现象，然后家长要及早地发现、及早地弥补。孩子们现在毕竟是处于基础教育阶段，为终身学习打基础的阶段，基础教育中开设的这些学科对于我们孩子的终身学习发展来说是非常重要的基础，所以家长还是要尽量帮助孩子扬长补短，及早发现孩子在某个学科的作业书写中是不是有困难，然后尽快分析偏科和学业困难的原因，和学校教师及时取得联系，让教师给予孩子针对性的指导。家长要看究竟是在哪个环节上出现的问题导致孩子出现了学习困难，要及早地去弥补。

王争艳： 家长也要"合理期待"，尊重孩子的先天素质。孩子有他的优势，也有他的劣势，我们在对优势上有期待，那么对他的劣势，我们也要有一个预期，而且优劣方面的期待不能一样。

除此之外还有孩子的学习效率问题，这个问题也确实是家长最头疼的问题之一。其实一个孩子之所以比另外一个孩子表现得要优秀一点，就在于他的学习效率更高一点。那么我个人觉得学习效率很重要的核心问题就在于能否充分利用课堂学习。如果一个孩子在课堂中能够保持 80%～90% 的专注度和理解度，跟着老师的节奏去听课，那么他课后所花费的时间就会少一些，他就会有更多的时间去做别的事情。但是如果孩子在课堂上的时间不能够很好地利用起来，那么在课堂之外就要花更多的时间去补习。如果孩子要在课堂之外补习的话，孩子的时间花得就过多，做事的效率就不高了。所以我觉得在上学期间，孩子们要想提高效率，一定要充分利用课堂，一定要把每一个课堂的 40 分钟充分利用起来，这样学习效率才有可能提高。

因此，家长要培养孩子的专注力，上课的时候，眼睛要注意看老师，认真听老师讲课。另外，在课堂上要记笔记，这样有助于孩子集中注意力，把注意力放在学习和老师讲的内容上。这两个方法有效利用起来，有助于孩子提高课堂学习效率。

除此之外，还要注意学习氛围的营造。如果在家里爸爸妈妈都在看书，或者一起欣赏音乐，等等，营造这样的学习氛围，那孩子从小耳濡目染，就会被这样的氛围影响。

玩引线游戏也能提高语文成绩

主持人： 不同学科对孩子学习能力有哪些不一样的要求？

王争艳： 小学一、二年级的语文学科，对孩子精细动作的能力是有要求的。比如写字，书写要求动作精细，精细动作好的孩子书写能力较好，就会把字写得规范一点、端正一点，这样就会有助于语文课的学习。而且精细动作能力也跟智力发育是直接相关联的，这是有大量科学研究证实的。家长可以找一些机会锻炼孩子的精细动作，比如和孩子一起玩穿玻璃珠、引线，使用小镊子。

刘巧利： 孩子需要具有"听、说、读、写"的能力，这是语文学习必备的能力，在日常生活中我们就可以及早地去落实。再举一个数学学科的例子。数学实际上要求先训练孩子的观察力，再引导孩子去归纳、进行抽象思维，因此我们带孩子出去玩的时候，就可以锻炼他的观察力，这是重要的数学能力。我们教孩子数学，不是仅仅要求孩子在很小的时候能从 1 数到 50 就可以了，现在的孩子需要学会一些数学思维，学会与生活结合。数学本来就是对我们生活的世界进行抽象，将生活和学习两者结合起来，对孩子的会学乐学是大有好处的。

兴趣班，孩子真的有兴趣吗？

主持人： 孩子们现在很幸福，对某事物有兴趣的时候就可以跟家长说"妈妈，我觉得弹钢琴挺好的，我想去试一下弹钢琴""妈妈，我觉得打篮球也挺好的，我也想再试试打篮球"，家长们在经济条件允许的情况下，往往会满足孩子的要求。但是孩子的兴趣保持的时间又很短，学了几天之后好像又不喜欢了。那家长在刚开始的时候希望孩子对任何感兴趣的事物都去尝试体验一下，试完了以后判断他喜欢还是不喜欢，但是这么轻易地放弃的话家长又觉得不甘心，觉得可能再坚持一下孩子就学进去了。作为家长怎么样找到和判断坚持与不坚持的平衡点呢？

刘巧利： 这就看家长到底将兴趣放在什么样的位置上了：只是培养孩子一个兴趣，还是准备让他发展成特长？如果是培养兴趣的话，这个孩子明确表示不喜欢了，那家长可能就没必要坚持了。但如果孩子觉得学习这个兴趣太辛苦，而不是说没兴趣，他只是感觉到这个事情很累而想放弃时，那我们还是要让孩子坚持下去的。如果家长是想看看孩子在这方面有没有可能坚持下去并形成一些特长的话，可以去咨询教练和专业老师，他们积累了大量培养儿童兴趣和爱好的经验，比方说乒乓球老师对孩子的选才标准或者要求是什么，他们可能会关注到孩子更多的协调性、灵敏性等。家长可以去咨询专业老师，再去确定要不要帮助孩子去坚持和怎样去支持孩子学习特长。

王争艳： 有些孩子不想去特长班的原因是他确实没有兴趣，有些孩子是想偷懒，这些都是有可能的。如果说是后者的话，那家长应该及时督促孩子；但如果真的是前者，比如经过专业老师判断，或者孩子确实在这方面比较缺乏兴趣，那就要尊重孩子的这种基本特点、基本素质去做决断了。

除此之外，我再来谈一谈孩子学习与生活过程中家长的榜样作用。我们现在的家庭中，父母经常抱着手机天天看视频或者看小说，忽视了和孩子的交流，这个问题当前很普遍，也很严重。家长这样做对孩子的影响很不好，孩子也开始在吃饭的时候看手机，在学习的时候看手机；等家长批评孩子的时候，孩子也会理直气壮地告诉家长：

"爸爸妈妈你们也是在不停地看手机，反而说我不要这样不要那样。"孩子就会不服气，这就是家长带给孩子的不良影响。

刘巧利： 至少家长在陪孩子的这段时间，要真的把手机放下。

王争艳： 家长们一定要注意，跟孩子做任何话题的交流的时候一定要有目光交流。你认真地用目光注视着孩子，他才会认真地听你说话，这是一个良性的互动。还有的家长会比较苦恼于孩子在考试中经常发生"丢题"的情况，造成这种情况的原因可能有两种，一种是孩子在阅读的时候，在对试题信息进行加工的时候，阅读速度太快，就会容易漏掉一些题目；还有另外一种情况，这个题对他来讲是有一些挑战、有一些难度的。他觉得做不出来，就想着待会儿再解决这道题吧，过会儿他就忘了。孩子是有一些回避困难倾向的，有的孩子表面上看起来是丢题了，但实际上这是一个回避困难的表现。

刘巧利： 还有的孩子非常爱阅读，这时候家长就需要引导孩子形成更好的阅读习惯，家长可以陪着他一起阅读。除此之外，家长还要多注意孩子的阅读种类。每个孩子的爱好都不太一样，我们觉得还是要把孩子读书的"博"和"专"结合起来，这样孩子在小学教育阶段能够有一个更广博的阅读基础。另外，我觉得孩子读书还是要循序渐进，不能太杂太乱，还是要有一个适合孩子当前年龄阶段的书目来让孩子阅读。还有就是阅读的时候，最好让孩子带着问题去阅读，如果孩子能够写一些读书笔记和读后感或者摘抄就更好了。

王争艳： 特别是对于稍微大一点的孩子来讲，做一些必要的读书笔记，这样的阅读习惯和方法能够帮助孩子更深入地去理解所读的书。

甘愿做孩子成长道路上的"扶梯"

主持人： 家长如何掌握强制孩子学习和让孩子拥有自驱学习自由的平衡呢？

王争艳： 这个要看孩子的年龄特点。如果这个孩子在小学阶段，特别是在一、二、三年级的时候，我觉得家长的引导和督促是必要的，因为孩子自身的这种自我管控能力还没有完全发展起来，家长能够给他做一个支架的作用、梯子作用，帮着他、推着他往上走，这是有必要的。然后随着他年龄的增长，慢慢地养成一些习惯，他觉得到点就该做这个事了，自我控制的能力慢慢强起来以后，家长就可以慢慢把这个"梯子"撤下来，让孩子自主发展。

刘巧利： 在最初培养孩子习惯的时候，家长就应该以孩子为主体，家长只不过是起支撑作用，这个前提还是要明确的，要不然依赖性一旦形成，家长想撤就很难。家长首先要树立正确和科学的学习观念，其次就是要坚持孩子的主体地位，我们不能去包办、代替孩子做任何事情，也包办、代替不了，更包办、代替不了一辈子。在这两条做好的基础上，一定要注意给予孩子学习方法和学习习惯的引导，把学科学习和日常生活尽可能结合起来，在家里边言传身教，给孩子创造更好的学习环境。

王争艳： 为人父母确实是一份很辛苦的工作，所以家长也要善待自己。另外，做家长是需要学习的，不是天生就会的，也需要不断地充电，不断地学习，来助力孩子更好地成长。家长先要做好自己，做一个快乐的家长、爱学习的家长，然后才能够做好孩子的帮助者，培养出爱学、乐学、会学的孩子。我们常说"性格决定命运"，但实际上习惯也在决定着性格。如果我们在前半生建立了好的习惯的话，后半生习惯就会一直帮助和积极影响着我们。所以希望每一个孩子都能够有自己的学习兴趣，兴趣是最好的老师；也希望每一个孩子都能有好的学习习惯，这可能是家长送给孩子未来的学习道路上甚至是人生道路上最好的礼物。

种瓜得瓜，种豆得豆

主持人： 看一个孩子的时候，基本上不用见他的父母，就大概能够想到他的家庭氛围是什么样的。不同类型的家长，会带出什么样的孩子呢？

王争艳： 我们经常说民主型的家长，他对孩子很尊重，把孩子当作一个独立的个体去沟通，然后去执行一些相应的规则。但有些家长是严厉管教型的，或者专制型的，中国传统上更多的是这种类型的家长。还有就是放任型的，或者溺爱型的，他们对孩子的要求无原则地满足，孩子要什么就给什么，这就容易培养出拖沓的、懒惰的、没有良好习惯的孩子，这种教养方式是需要家长特别警惕的。此外就是侵入型的，这些家长会表现出侵入型的教养方式，对孩子过度干涉和控制，孩子容易退缩、胆小、害羞，在社交上有问题。不同的养育方式可能会培养出不同类型的孩子，在这里也提醒家长，放任型和侵入型这两类养育方式是不可取的。现在对严厉型家长是稍微有一些争议的，我们的研究发现中国家长有很多是属于严厉慈爱型的，既严厉又温暖，孩子其实并不受严厉管教的负面影响，所以也是可取的。但是如果只是严厉管教型的，那么要分情况来看，要看家庭邻里处在什么样的环境当中，如果邻里治安比较混乱、不安全，那么在这种居住环境当中，家长的严厉管教可能就会对孩子起到一种保护的作用。因为对孩子有很多约束、很多的规矩，就减少了孩子接触外在危险的机会，这反而是种保护，所以在这种情况下，严厉管教对孩子成长是好的。但是如果不是这种情况，那么通常太严厉的管教会损害孩子自主的发展。

家长感言

父母是孩子最好的榜样，是孩子最重要的老师，对孩子有着潜移默化的巨大影响。在孩子的学习过程中，当遇到不懂的问题时，家长要懂得为他们分析问题、指导方向。指导孩子学习要做到循序渐进、由易到难，每科的难点重点要标注清楚，然后再去分析问题，让孩子在学习过程中学会自律，找到学习方法。在平时生活中，要注重与孩子有效沟通，发掘孩子的闪光点让他更自信，找寻他的兴趣爱好并进行拓展，学会走进孩子的心里。同时，要营造和谐的家庭氛围，因为和谐的家庭是孩子成长的沃土。

广东省佛山市南海区西樵镇第三小学　潘××家长

我觉得本次节目中专家讲的都特别好，特别是关于乐学与会学、规则与自律的话题。乐学就是自己喜欢了、体会到学习的乐趣了，才会自觉地坚持下来，去探索、去学习更高更深一层的东西。如果不喜欢、被动地去学，可能就学不好。而且还要会学，上课的时候要认真听老师讲课，做好课堂笔记。如果上课没听懂，课下就要花费更多时间去弄懂，否则，时间长了，不会的知识点就会越积越多。

在规则和自律方面，如果孩子没有规则意识，没有良好的学习生活习惯，在以后的学习中、和同学同事的相处中都会遇到问题。培养孩子的自律能力，需要我们家长和老师有意识地、慢慢地去引导、监督，帮助孩子树立正确的价值观，让孩子设定一个个小目标并坚持去完成，时间长了就养成自律的习惯了。作为家长要以身作则，给孩子做好榜样、做好"梯子"，家校合力把孩子培养好。

广东省佛山市南海区西樵镇第三小学　刘××家长

通过今天的学习，我明白了"学会"与"会学"的关系。在孩子的学习上，我们家长的主要任务和关注重点，应当放在培养孩子良好的学习习惯、激发孩子的学习动机、营造良好的学习氛围上，引导孩子掌握科学的学习方法，帮助孩子实现由"学会"到"会学"的转变，由"要他学"到"他要学"的转变，变"苦学"为"乐学"。

培养孩子"会学"与"乐学"是家庭教育的重要任务，也是我们家长的重要职责。这需要家长不断地更新家庭教育理念，通过不断的学习改进家庭教育方法，注意激发孩子的学习动机，培养孩子的学习兴趣与探究欲望。我深信，如果能做到这些，孩子一定会在学习的道路上乘风破浪。

广东省佛山市三水区西南街道中心小学　麦××家长

专题七
道德教育——帮助孩子培养良好道德情操与习惯

专题导语

　　作为家长，日常家庭生活中最重要的任务是让孩子吃饱穿暖，拥有健康心理、良好道德品质。但是有些家长在与孩子的相处过程中，由于缺少恰当方法的引导与思想层面的启发，往往出现亲子沟通不顺畅、家长不能完全理解孩子的内心世界、家长不能找到有效且具体的措施帮助孩子养成良好的道德情感与行为习惯等亲子问题。为解决上述诸多问题，给予广大家长育儿参考与启示，本期专题即以文字转录形式收录了来自原中国青年政治学院党委书记陆士桢教授、首都师范大学初等教育学院李敏教授关于如何理解道德教育对儿童发展的重要性、如何帮助儿童在家庭生活中培养良好的道德情操与行为习惯及如何能够更加了解孩子等广大家长切身关注的实际问题的探讨与交流，希望通过专家的智慧点拨、案例分享及科学建议等方式给予广大家长以启发与思考。

专家简介

陆士桢，教授，硕士生导师，享受国务院特殊贡献专家津贴，曾任中国青年政治学院党委书记、常务副院长，兼任中国青少年研究会副会长、中国社会工作教育协会副会长、中国少先队工作学会副会长等社会职务。编著了《浅谈面向21世纪的青少年品德教育》《我们怎样做家长》《中国儿童少年工作百科》等图书十几种，共900余万字。在青少年研究和社会工作领域享有一定学术声誉。

李敏，教育学博士后，教授，博士生导师，首都师范大学附属小学科研副校长、儿童生命与道德教育研究中心副主任兼秘书长。曾编著《小学生品德发展与道德教育》《游戏与学习——以游戏提升学生的生活质量》等图书。荣获2018年首都师范大学"青年五四奖章"，入选2013年北京高等院校青年英才计划。在小学德育、儿童游戏等领域均有较为深入的研究。

原生家庭，伴随一生的影响

主持人： 中国有句老话，"三岁看大，七岁看老"，这句话背后有什么丰富的意蕴呢？

陆士桢： 这句话本质上揭示了一个特别重要的人生真理与社会真理，就是一个人的基本生存状态，特别是他表现出来的社会性行为、价值观念以及思想是由他早期的家庭生活决定的。用一句话来说，就是原生家庭对儿童道德的发展及未来做人做事具有根本的奠基性影响。

李　敏： "三岁看大，七岁看老"，蕴含着原生家庭的重要性，其实是强调在学校教育之外，家庭教育的重要性。脑科学的研究与现在的小学教育实践研究证实了这样一种观点，原生家庭对孩子未来的成长有重要作用，并不是说对孩子的读写算有持续性的帮助和影响，而是在3～7岁这样的价值观形成阶段，对他的道德观的影响。

主持人： 比如有的小孩在特别小的时候，跟其他伙伴玩耍的时候，他就愿意把自己的东西分享给他人，有小朋友摔倒的时候他会愿意帮助，我们基本上可以判断说，这个孩子如果今后没有遭遇什么大的变故的话，他会是一个热心肠的、有包容心的人。实际上，智力在今后很长时间的学习与习得的过程当中是可以改变的，但这段关键时间对儿童的道德发展是非常重要的。

陆士桢： 对，实际上我认为"三岁看大，七岁看老"还揭示了一个道理，就是在孩子一生当中父母的重要示范作用。现在流行的宣传语包括"不想让子女输在起跑线上，我们就要抓紧早期教育和脑力开发""子女的智力开发最早在肚子里面就要开始"等，但这些实际上有一个误区，就是家长以为给孩子打基础最重要的是打智力基础。例如我们去判断这个孩子怎么样，如果说他是个好孩子，因为他考试从来都考第一，将来必定出人头地，以为这是最重要的。但其实这个孩子将来活得好不好，从宏观上来说不光希望他对国家有贡献，而且从个体来讲，还有他自己是否快乐。什么叫快乐的人？他是一个积极适应的人，不是说他掌握了多大本领、能挣多少钱——就像人们常会说这个人是个大老板，但未见得他比那个社区工作者活得更幸福。在服务社会中实现自我的价值才是真正的幸福和快乐。家长得明白，之所以看老看小和道德与价值观有关。习近平总书记曾经说过一句话："一个人要做出一番成就，就要有自己的志向。一个人可以有很多志向，但人生最重要的志向应该同祖国和人民联系在一起，这是人们各种具体志向的底盘，也是人生的脊梁。"所以我们家长要帮助子女打好人生志向的底

	盘和挺起人生的脊梁，那么这个脊梁是什么？其实是道德感、价值观，是适应人生和社会的能力，这是人一生中最重要的。
主持人：	家长会问，我能不能选我的孩子做一个快乐的大老板呢？
陆士桢：	假如你一心一意就追求他所谓的世俗成功，忽略他最基本的道德、人格和个性的培养的话，他当了老板也不快乐；那反过来给他打下这些基础，同时给他提供很好的学习环境，他做老板也可以快乐。
李　敏：	家庭教育或者家长可以去积极影响孩子做一个快乐的人，营造和谐的家庭氛围，让孩子感受到被爱包围着。价值观的积极向上，是家长要在孩子比较小的时候带给孩子的，而且家长在这个阶段不要把太多世俗性和功利性的东西带到孩子的生活当中。当然我们讲，拉长到孩子未来成长到一定阶段，他是快乐的大老板，还是快乐的小商贩，这个很难在很小的时候家长就决定，现在能决定的只是他的快乐的根基。

孩子是父母的"正容镜"

主持人：	有的家长就特别焦虑，还会说我平时没时间做的事，现在终于能做了。家长的态度对孩子有影响吗？
陆士桢：	从大的方面来说疫情对政府、对社会都是考验，在这种状况下孩子的整个生活状态改变了，家长在疫情当中的生活状态直接影响孩子，怨天尤人也好，整天无所事事也好，这些东西可能都会潜移默化地影响孩子。另外这种状态对社会参与者都是个很大的挑战，特别是对孩子。我觉得有一个特别重要的问题，就是处在这个年龄段的孩子，自律和他律都是需要的。他脱离开老师的现场监督，脱离开学校那样的特定的教学环境，自律对他来说就特别重要。但不能说光靠他自律，你得有必要的监督。从家长这个角度来讲，就是要陪伴，疫情给家长

和孩子提供了更多陪伴的机会。陪伴要注意三点，不是待在一起就叫陪伴，不是教训孩子就叫陪伴，另外，陪伴应该以平等沟通、平等深入为原则。家庭教育不能跟在学校一样，教育孩子只是单纯地讲授，那不能叫家庭教育。家庭教育就是渗透在日常生活、具体生活当中。所以从方法论的角度来讲，家庭教育有自己的特点，它是零散的、随意的，点点滴滴地渗透在家庭日常生活当中，它靠的是影响，而不是谆谆的有系统的教诲。

李　敏：家庭面对疫情的应对方式有很大不同，因为每个家庭所处的社会条件不一样，家庭的经济状态也不一样，这确实会影响各个家庭应对疫情的状态，但所有的家长都要努力调整状态。疫情发生后，孩子和家长共同在家，家长的身份要发生一些变化。过去责任感告诉家长我要养育他，吃喝拉撒要管好他，不能让他有安全事故。现在24小时都交给我了，我的工作时间复合到家庭空间里，孩子的学习时间要复合到家庭空间里，就会发生一些变化——不仅是孩子在发生变化，我们家长也在发生变化。那作为父母我特别想积极回应的就是，家长除了可以承担养育的角色外，还可以借助于疫情这样的机会，引入一个社会话题：我们如何去看待社会责任的承担，如何去站在6～12岁儿童的立场，从他的视角去看国家的责任、国家的担当和国家的角色。我觉得这就特别宝贵，也是检验家长价值观的时候。刚才大家都谈到了，家长有什么样的态度，对疫情的反应是积极的还是消极的，都会在点点滴滴当中，在茶余饭后，在指导孩子课业的过程当中，影响到孩子。疫情对所有的家庭都是一个考验，但是也是一次宝贵的教育演练，我觉得家长应该把握机会。

自私的孩子不快乐

主持人： 家庭道德包含哪些内容？

陆士桢： 家庭里的道德教育，它应该包括什么内容？实际上任何人的道德，表现在社会上，都包括三个方面：第一个就是价值观。什么对什么错，什么好什么坏，当然价值观还包括志向，包括你为什么活着，这就比较复杂了。第二个是行为能力，就是价值观的表达。表现在具体行为上，就是怎么做，比如平常坐公交车看到老人会不会让座等，这都是具体行为。第三个是情感。你脑子里是不是只有你自己，对他人是否尊敬。你要站到对方立场上去思考问题，这是人和人交往的一个特别重要的基础的心理前提，这样你基于的是一种温暖的情感，是一种心中有他人的基本的价值。有的时候家长就忽略了点点滴滴的行为，这些都会给孩子一生带来影响。做人的基本价值观如果有缺失，孩子将来会很麻烦。我老提到这样一个观点来观察人：你觉得他很快乐吗？就那些整天怨气十足、心里不舒服的人，他觉得周围世界都在跟他作对。这里其实有一个最基本的价值观，只有你心中有了他人，你才能处处感到温暖，只有你给予了别人温暖，你才能不断地感受温暖。所以家长要明白，不要自私自利，你觉得教孩子只为自己是对孩子好，而将来倒霉的就会是他，因为他会跟外部不能融合，一个不能融合于外部世界的人，你觉得他有幸福有快乐吗？家庭教育一定要把道德放在第一位，你教他正确的价值观，然后引领他的行为，培育好的情感。这三方面结合起来，才叫一个有道德的人。习近平总书记还说，要跟孩子说，"要做一个好人"。好人就是多方面的价值观正确，他的行为好，另外他有非常温暖的情感，他在这个社会当中就是时时放射出温暖的一分子，他自己的内心也会充满温暖。家长的作为是孩子的榜样，比老师的作用还要强。

李　敏：家长可以鼓励孩子参与一些家庭活动和劳动，让孩子在这个过程当中，进行一些道德的思考，去提一些问题，去进行一些选择和行动。其实孩子本身就是一个问题库。孩子3岁也好，7岁也好，一直到12岁，他会在成长当中，遇到很多跟家长不一样的问题，会沮丧会开心，那家长的责任是什么呢？不是说把这些好奇的问题熄灭，或者是一句话给他屏蔽掉。家长有一个非常重要的任务，就是对孩子在家庭交往过程当中提出的很多宝贵的问题，要有耐心地倾听，然后从孩子发问的角度，去和他一起分析问题，给予他方向。

家庭道德教育和学校道德教育的不同

陆士桢：道德教育，其实有的时候有一些大的主题，比如说从价值观来讲，理想、中国梦、对社会国家民族的认同、爱国主义等，这些主题都很大，价值观教育就需要渗透到家庭的日常当中了。曾经有个残疾青年，他在首都机场引爆自制炸弹，他引爆之前多次喊"躲远点，我有炸弹"。就因为这句话，网上一边倒，都认为他肯定有冤情，他也不必承担什么责任，因为他不想伤害别人，确实也没伤害别人，只有他自己一个人受伤。我特别敬佩一个爸爸，当时他们在吃饭，小孩大概11岁，他爸爸问他说你觉得他的这句话足不足以改变行为的定性，也就是他用暴力扰乱社会秩序，触犯了法律规定。这小孩最后得出结论，说他再有理，他这行为也是犯法的。然后他爸爸又继续跟他讨论，如果这个行为不行，那确有冤屈了他该怎么办……我觉得这个爸爸真的挺英明。

在疫情当中，会有各种各样的热点话题。我觉得，尤其孩子到了小学高年级，家长可以跟孩子一起就一些问题平等地展开讨论。孩子在学校里学的爱国主义教育，它实际上是一种框架型的教育，只有加上生活当中潜移默化的、生动的、日常的、点点滴滴的这种教育，才能够真正打牢孩子的人生基础。所以我们有一句话叫家庭教育是最基础的教育，是一切的基础。谈到家庭教育定性，我觉得家长得有点想法，你别老觉得只要让孩子吃好穿好、学习好就行，他将来得在这个社会生活，认同这个社会制度、认同这个发展方向、认同中国梦，是他安身立命之基础。

李　　敏：其实刚才我们谈的，学校教育这种现代教育制度的建立更多的是让道德教育依靠智力和课堂讲述的方式进行，但它显然没有家长的这种以身作则、点滴身教的方式来得直接，而且很多家庭一瞬间会出现很多新的情况，而这些都是能嵌到孩子原始生命当中的宝贵的小火花，未来会在他的生活中产生更大能量。

陆士桢：道德也好价值也好，实际上更是一些原则和基本的遵循，它要渗透在生活的所有的空间里面、所有人的行为点滴里边，这些空间和点滴，在学校实际上是有限的。换句话说，学校更重视的是给你这个系统，给你这个原则，给你这个纲要，那么家庭和社会生活会比学校的空间更大，它涉及的点点滴滴的细节也更充分。这部分如果没有，那孩子有可能会讲很多大道理，但是到具体问题上他可能就不会了。学校有它的优势，它会给孩子完整的、系统的价值观和基本原则，但它要落地，一定得落到社会生活中去。社会生活中，学校生活只是一部分，更重要的是家庭和整个社会的生活，那这部分的落实，家庭教育负有重要责任，家长义不容辞，家长要想完成这个任务，塑造一个合格的人，价值实践活动肯定是不能缺失的。

李　　敏：学校教育它是一个纲，是一个系统。其实对于道德教育和价值观教育而言，它经过提炼的一些观点概念，更多的是讲授给孩子听，可能孩子很难有成长的共鸣、生命的共鸣。但在家庭教育当中，可能就一些具体的真实的道德问题展开讨论，进而它会进入到道德选择和道德行动的层面。

如今第三方又来到了家庭和孩子面前，一个非常有吸引力的新的平台，就是电子媒介。它确实也为我们的道德教育提供了一种新的环境，同时也带来了挑战。这种新的有力量的第三方的影响源，好的影响和坏的影响都有。其实对目前小学阶段的孩子来说，他们怎么去应对这些电子媒介就成为一个问题。有一些共识认为，孩子比较小的时候，如果在他的生活当中，较多地出现这些电子媒介、这些网络的生活方式，那么他与家人相处的时间会被压缩，会损失我们非常宝贵的传统家庭教育机会，比如说我们过去的学习，是通过跟家长的互动、邻里之间的相互帮助和观摩来进行的。孩子小的时候，如果长期地接触电子媒介，就会形成一种肌肉记忆，也会形成一种生活习惯。那么他长大之后，他休闲方式的选择，可能首先会从他的习惯记忆当中去提取，那么他小时候怎么过的，就是躺在床上刷手机、玩电脑。从孩子小的时候，道德教育的影响源也好，生活方式的影响源也好，我期待更完整、更多样化，有比较多的时间分配给家庭的一些活动，比如阅读或者邀请小伙伴到家里，我觉得都非常好。6~12岁的孩子使用电子媒介，还没有经过价值观、道德的筛选，要等到孩子再大一点的时候，批判意识比较成熟的时候，他才会去做选择、去做总结。现在家长要担当起这个责任，减少这种媒介在家庭出现的频率，减少它的使用度。

陆士桢： 有一些家长，让孩子跟他一块看电视，比如说老太太看唱戏，孩子从小两三岁就会哼戏，因为他跟奶奶一直看那个，所以他会。或者有的孩子还会跟家长一起看肥皂剧。家长永远不要低估儿童对某些问题的那种记忆和理解。

解铃还须系铃人

主持人： 孩子在学校与同学发生矛盾了，家长该如何和孩子沟通呢？

陆士桢： 我觉得这是家庭教育当中常见的问题。孩子成长当中和伙伴发生冲突，我觉得家长要把握基本的原则，就是不能以处理好这个问题为根本追求，根本的追求是通过处理这个问题推动孩子的成长。怎么样推动孩子成长呢？忌讳的第一条就是打骂。首先跟他说出现行为伤害肯定是不对的，但是也有可能他有自己的原因，比如说今天心情不好，不是故意的。这是第一步，让他能够去判断是非，而且在判断是非的基础上去寻找原因。第二步就是想办法处理这个问题。跟他商量："你肯定生伙伴的气了吧，但有可能他连知道都不知道，也有可能他知道你生他气了，他以后也不理你了，那怎么办？可以怎么解决？"要给孩子传递一个观念，就是你不管用什么样的方法解决问题，只要方向对，你怎么去处理，我都在背后支持你，你有问题都可以从我这儿得到帮助。如果孩子说，我给他告老师，那你可以这样引导孩子："你自己解决不了，必须告老师吗？你觉得合适吗？你在依靠老师之前你自己是不是可以跟他谈谈？"比如孩子说行，那咱们接下来要从多个角度分析该怎么做。如果孩子说不行，那咱得商量跟老师怎么说，怎么能让老师清楚，你不是告状，而是你要跟他友好，只是自己张不开嘴，让老师给你创造一个条件，你有机会跟他说。或者孩子觉得老师也解决不了，要家长帮忙，那家长要告诉孩子，我只能支持你，我绝不能帮你直接去找这个同学，因为这是你们俩的问题，如果我出面，那就等于我拿家长的势力去压人。家长就是要一步一步引导，最终的目的是让他选择一个好方法，自己去化解矛盾。这样的过程有三回两回，可能孩子还会遇到冲突，但他知道了解决冲突的思路和方法，而且在这个过程中，你教给了他跟他人交往应该坚持的正确的理念和方法，我觉得就比对着干强多了，关键是要让他成长。

主持人： 家长最差的一种做法是所有问题我都帮孩子解决了，只要你有事我就来出面，但其实最重要的是我们要把这个解决问题的机会、提高解决问题能力的机会留给孩子。这个过程其实挺漫长的，我慢慢引导你的这个过程可能会很久，但是磨刀不误砍柴工，多这么聊几回之后，孩子以后就没有这种问题了。

李　敏： 另外我相信这个问题也是经过家长沉淀和思考的，他会觉得这个问题需要好好去解决。这类问题其实对孩子的成长很重要，我发现一些发展比较顺畅的，很多家长或者老师看着比较舒服的孩子，他们身上有一些共性，表现出来一些交往的智慧和策略，表达得、做得会比其他的孩子好一些。很多事情家长包办，其实不是帮了孩子，在孩子成长到更高一级、更大一点的时候，这些包办的行为，会阻碍孩子更好的成长，因为他丧失了很多人际交往的机会，以及自己去做决策的机会。另外，家长可以从观念上跟孩子沟通，告诉他在社会生活场域里面包括在班级生活、学校生活中都是一定会遇到冲突的，并不是所有的冲突都要引起你这么大的情绪反应，让你回家就哭，跟妈妈诉苦的。让孩子去面对人际交流，这也是一种非常宝贵的经验，遇到了冲突是很正常的，要积极地去寻求解决之道。家长怎么跟孩子积极地面对冲突，这是很多家长要去认识的问题。首先家长要调整自己的心理，不要过分担心，还要告诉孩子这很正常，孩子会觉得我遇到一件天大的事，我今天特别不开心，尤其是小孩会将这种情绪放大，那家长这时就要积极引导。从另一个侧面来说，孩子解决问题的能力也增长了。在家庭教育当中，如何去帮助孩子面对不断扩大的交往圈，去化解遇到的冲突，我觉得非常重要。家庭教育的本质，是把家长处理问题的正确态度和方法教给孩子。

打开孩子"锁"住的"心"门

主持人： 很多孩子在小学三、四年级的时候喜欢反锁门，这是什么原因呢？

李　敏： 这是一个家长们共同关心的问题，就是不知道哪一天，孩子就把房门关上了，有的时候还会写上"请勿打扰"。关门有两种原因，一个是正常的，成长到了自我概念比较强烈的时候，孩子需要有私人空间，他需要安静一会儿，需要有一种类似身处洞穴的这样一个状态，他会觉得更有安全感，更有自我感。这是一种关门的原因。还有一种就是刚才家长提到的，孩子一生气就关门，不知道什么时候学会的，应对情绪的反应就是第一时间把门关上。这个现象经常出现在孩子到了二年级末，三、四年级的时候。我们在小学教育研究当中发现三、四年级的孩子，他一旦到比较烦躁的时候，在沟通不顺畅的时候，他就会摔门，这还是跟这个阶段的孩子突然增强的自我认同的需要有关系，他会觉得你们都太吵，家长都太吵，我不愿意跟你们沟通，所以这是正常的心理反应。可以在事后根据自己孩子的性格，根据事件的属性，去做进一步沟通。另外就是放缓这种焦虑的心理。三、四年级的孩子身高会变得很快，他跟外在的交往交流方面会有一个心智跟不上的状态，他要通过强烈的焦虑的情绪，甚至是一些激烈的行为来表达自己的意见和脾气，所以就把门关上了。家长要放缓这个焦虑。可能三、四年级之后，孩子心理上成长了，我们那个乖孩子又回来了。

陆士桢： 首先就是要理解孩子自我发展的意识，其实就是刷存在感。在成长过程中，他表达自我会采用多种方式。那另外一个角度，摔门是一次情绪的集中爆发，但如果动不动他就摔门，这个可能要进一步地引导，需要通过安慰让他平缓情绪。人的性格也带有一些遗传，有的孩子表达情绪的方式确实就激烈，有的就比较柔和，但是激烈也不能出圈。所谓激情犯罪，很多都是控制不了情绪，所以家长要进行情绪的抚慰，要进一步与孩子沟通聊天，对孩子进行引导，我觉得这也是挺重要的。要理解孩子，但是要预防出现动不动就暴力地对抗这种情况。

既要适应社会也要保有自己的个性

主持人： 我们怎么样保护孩子的个性，而且更好地引导他的个性呢？

陆士桢： 首先你得承认差异。好多孩子告诉我，最烦家长干两件事：一到吃饭就数落我；还有整天拿我和别人比。其实三、四年级再往后就该青春期了，更是孩子自我发展、自我意识逐渐成熟的时候，是人的社会化当中最重要也是最难的一个话题。这时家庭教育有三个要点。第一，不断增长的社会生活是教育的起点，你的教育就是要帮他顺利地去实现他的社会化，学会接受文化价值，这是很重要的任务。第二，到底要培养什么样的人。我认为要培养合格的公民，过有意义的生活。所谓合格的公民，必须接受社会普遍价值、接受规则，他是一个社会人，他能够很自如地生活在这个社会当中，过有意义的生活。现代人绕不开的问题就是自我，自我的多元的生活方式、多元的现实选择必须要尊重。如果一个人既懂得社会规则，积极适应社会，又有独立的自我，这人就舒服了，就是一个现代人。第三，就是教育的方式。社会的积极引导，和他的独立思考、自我实践要统一起来。承认社会的积极引导，家长也好、学校也好，必须得引导，尊重儿童并不妨碍主流社会对他引导，这两个概念必须统一起来。这三点是家庭教育中最核心的东西：丢失了社会化发展，就丢失了根本的方向；丢失了这个公民和有意义生活结合的现代目标，丢失了基本的发展，就是丢失了教育的目标；丢失了引导和孩子的自我，就违背了基本的教育方法和原则，也不可能有很好的教育。

李　敏：关于孩子的个性，着重点在于怎么在家庭当中去发现他，去保护他，让他的个性在未来的道路上发挥更多的积极作用，而不是消极作用。个性应该是孩子自己的个性。现在家长都有一种心理，在处理孩子的问题的时候，别人会的我的孩子也得会，我的孩子要按照我的意志，按照我觉得理想的对的善的美的方式去做。我看到孩子的很多棱角被磨掉。家长有的时候第一反应就是你这样不好不对，我相信这种心理和心态很多家长都有。家庭教育当中，你看到的好的，让他继续扬长，你当时觉得不好的，未必就真的不好。能更好地去帮助孩子、去陪伴孩子，我觉得这个问题特别重要。在教育观上，要有更多的对话，对孩子的个性探索要包容，我们家的孩子到什么样的时期了，他可能遇到什么样的学业的调整，可能同伴上有什么新需要了，这些看似跟个性培养没有关系，但是家长如果做足做到位的话，那么孩子的个性需要一些表达的时候，家长就会第一时间感同身受，就是他能非常好地理解自己家的孩子，给予这种他自己都不知道的个性的保护。

　　孩子的个性培养还需要家庭更多地去经营去创造一些共同的活动，我们要承担家庭教育的责任，让孩子参与到家庭的计划中，一起去博物馆或者郊游。他会遇到更多的人，会遇到更多的事，这个过程当中会有对他个性的丰满，甚至是一些棱角的打磨，会有更多的人和事去帮家长分担这个责任，而不是说都聚在家里，你碰我我碰你这种。

　　对于个性的培养，我还有一种想法，孩子的个性没有十全十美的，也没有完全糟糕的。我经常用八爪鱼这样一个形象去形容小孩子，尤其是小学阶段的孩子。他有特定的发展规律，他可能不像大人这么理性，情绪控制没有那么好，所以他的触角就是那么伸着，家长可能在培养、陪伴或者个性的关照的过程当中，看到那个小爪子都伸出来了，你再帮他一把，让它伸得更长，让他有同理心，那么下一次他遇到这种事件的时候，就能够做得更好。在道德上，孩子可能与我们成人的社会希望的那些准则有冲突的地方，家长可以采取一些智慧的方式。比如说先放一放，或者是进行必要的后果教育，要看到自己孩子身上哪些方面是好的，哪些方面是不好的。同时我们也要跟社会的教育、跟学校的教育形成合力。

起点线的成功，终点线的精彩

陆士桢： 没有一个家长不对孩子寄予特别大的希望，但是方向很重要，所有的家长都说不让我的孩子输在起跑线上，我希望家长想一想，你想让他往哪儿跑，你希望他的终点在哪儿。其实这是一个特别重要的教育问题，也是今天讨论的核心，就是要帮助孩子树立积极正确的价值观，找到人生的方向，培养良好的道德品质和良好的个性品质，这样才能叫作真正的成功。

李　敏： 面对小学阶段的孩子，如果我们过早地去用成人的成功标准，去对他们做出设想、做出规划，其实是违背我们小学教育的一些规律的。小学阶段最重要的事情，是让孩子去辨是非、明事理。这跟家长所期待的学习成绩好不矛盾。如果在孩子立规矩、辨善恶的时候给予其适度的教育，可能他遇到的麻烦反而会减少，那么相应地，学习成绩也会提高。另外，无论你是做什么工作的，我们总会有跟孩子相处的时间，我特别期待家长让这段时间具有家庭教育的属性。家长就要想了，具有家庭教育属性的陪伴时间是要有质量的，我们要求家长要善于跟自己的孩子沟通，要善于解答孩子在成长过程当中遇到的问题，要积极地去创设一些家庭共建共美的活动，包括家务劳动、郊游活动等，这是家长可以积极主动地去做的。

家长感言

观看完本期节目中两位教授的讲座，我深深地感受到，作为一位母亲，她对孩子做的一切都是非常重要的，不能因为工作忙而耽误了管教孩子。我希望我的孩子能成为一个辨是非、明事理，并且快乐的人，但我自己就属于那种只会说孩子不会说自己、只会跟孩子讲大道理的家长。听完陆教授的指导后，我知道了要先跟孩子做朋友，好好倾听孩子的内心感受。教授说得特别好，作为家长，不懂语文数学没关系，但是做人如果出了问题就会害了孩子。只有你心中有他人，你才能处处感受到温暖。我们要从小培养孩子树立正确的世界观、人生观、价值观。

广东省广州市增城区实验小学　朱××家长

收看了陆士桢教授和李敏教授以"独善其身与相善其群"为主题的公开课，深受教育和启发。孩子学习能力的强弱，家长的作用非常关键。孩子学的语文、数学、音乐、美术等学科，归根到底都是要培养孩子的认知和学习能力，特别是培养解决问题的能力。他们通过各学科的学习，掌握认识世界的方法，从而拥有适应和改造世界的能力。家长的教育方法很重要，要激发孩子的学习兴趣，而不是简单地督促孩子完成作业。要想方设法让孩子养成独立学习、自主学习的习惯，而不是强迫孩子学习。要和孩子一起阅读，一起去接触、认识大自然，而不是简单地要求完成任务。特别是在网络时代，既不能让孩子与网络隔绝，也不能让孩子沉溺其中，要把握好"度"，培养孩子应对网络的自控能力。此外，还要与学校老师多多沟通交流，及时纠偏。

贵州省兴义市向阳路小学　查××家长

今天看了"独善其身与相善其群"这期教育节目，我被深深地吸引住了。我深知在孩子教育的问题上，孩子的情商比智商重要。但如何帮助孩子培养良好道德品质、树立正确价值观和养成良好个性，我们却懵懵懂懂。这次讲座让我在育儿的道路上目标更加明确、更加坚定。正如教授说的，那是一个潜移默化的过程。现在的生活节奏快，人们已经习惯速战速决的步伐，容易用简单粗暴的方法，帮孩子解决问题，往往忽略了孩子的感受。如何让孩子成为一个好人、快乐的人，这才是家庭教育的重中之重。陆教授说，一个孩子如果具备了这两点，他一定会是一个心中充满爱的人，这样的人必定会用他的爱去回馈社会。我们要从孩子的精神层面入手，让他成为一个快乐的好人。

广东省广州市白云区三元里小学　赖××家长

专题八
"叛逆期"不叛逆

专题导语

进入青春期后,生理的迅速发展促使中学生的自我意识和性意识迅速发展,孩子们已经意识到自己不再是小孩子了,希望了解自己,并且开始对事情有自己的思考和判断,开始对家长的言行举止加以审视思考。很多家长抱怨孩子到了青春期变得特别叛逆,什么事都和家长对着干,不好管也管不了,从前那个又乖巧又听话的孩子和现在"桀骜不驯"的孩子简直判若两人。那么应该如何因势利导,帮助孩子顺利度过青春期呢?为解决广大家长的疑惑,本期专题即以文字转录形式收录了来自北京师范大学心理健康与教育研究所所长、北京师范大学儿童家庭教育中心主任边玉芳教授,中国教育学会家庭教育专业委员会常务理事、《中国教育报·家庭教育周刊》杨咏梅主编的精彩分享,希望通过专家的智慧点拨、案例分享及科学建议等方式给予广大家长以启发与思考。

专家简介

边玉芳，北京师范大学中国基础教育质量监测协同创新中心学术委员会主任，北京师范大学心理健康与教育研究所所长，北京师范大学儿童家庭教育中心主任，教授，博士生导师。主要研究方向：儿童青少年发展、家庭教育。30多年来，一直从事儿童青少年社会性发展与心理健康教育、家庭教育、心理测量与教育评价、区域教育质量提升等领域的研究。承担国家哲学社会科学重大课题以及科技部、教育部等研究项目50余项；在中英文学术期刊发表论文100余篇；出版专著30多本（套），获2018年基础教育国家级教学成果奖一等奖、第三届中华优秀出版物奖、第四届全国教育科学研究优秀成果二等奖等多项省部级及以上奖项；所著的家庭教育畅销书《读懂孩子：心理学家实用教子宝典》有广泛影响，入选"大众最喜爱的50种图书"以及"影响教师的100本书（TOP 10）""教师喜爱的100本书（TOP 10）"。

杨咏梅，《中国教育报·家庭教育周刊》主编，中国教育报刊社家庭教育研究院执行院长，第二届中国家庭教育十佳公益人物，中国家庭教育学会宣传教育专业委员会副理事长，中国家庭教育传媒联盟秘书长，中国教育学会家庭教育专业委员会常务理事、讲师团成员。《中国教育报·家庭教育周刊》深度聚焦与解析家庭教育热点难点问题，持续传播家庭教育科学理念、知识和方法，刊发多篇家庭教育报道，将前沿学术成果转换成基层一线急需的深度报道，成为最具影响力的家庭教育媒体、家庭教育指导者的专业成长平台、最具专业度的家校共育"使用指南"。

"青春期"，让我看看你是谁？

主持人： 按照现在孩子的心理特点，他们大概会在多少岁开始进入青春期？

边玉芳： 关于青春期的年龄划分，学术界一直有争论。20世纪80年代的心理学课程中讲到青春期，一般指的是12岁到18岁这个阶段，但是现在学术界基本认可的青春期阶段为10岁到20岁，因为随着社会的飞速发展，青春期在提前，同时要为未来生活做的准备越来越多，所以这个阶段就自然而然地延长了。

杨咏梅： 关于青春期的年龄界定，英文对于年龄的表达是一个很有意思的提示。从13到19，英文单词共同的词尾都是"teen"，可见大家比较公认teenager（13～19岁的青少年）的阶段是青春期。另外，女孩子的青春期特征相对来说会表现得早一些，因为女孩子相对男孩子早熟一些，而且更愿意把内心的情感表达出来，比较容易让家长感觉到孩子开始有了青春期的变化。我们常常听到家长说女儿还没到初中就进入青春期了，这跟女孩子的情感表达比男孩子外化有关系。

"青春期"，我们其实都一样

主持人： 青春期的时候，男孩和女孩表现不一样吗？

边玉芳： 青春期过程中男孩跟女孩的表现是不一样的。这是因为女孩在情感上的表达方式和男孩在情感上的表达方式不太一样。而且一般来说，比同龄人更早地进入青春期的女孩或者比其他的男孩更迟地进入青春期的男孩，这样的两类孩子，其实在青春期到来和度过青春期的时候，他们害怕和担心的情绪会更大一点。这是因为"我跟别人不一样"的心理。周围的女孩子都还没有发育，如果她一下子发育了，那么这个提前发育的女孩刚开始一般是接受不了自己身体的变化的。女孩子青春期的迷茫与焦虑很多是对自己身体的不熟悉导致的，当她生理发育的时候，她对自己原来从来不曾出现过的生理现象有一种陌生感，慢慢熟悉的过程其实也是慢慢接受自己的过程。通常男孩会比女孩发育晚一点。基本上那个时候，大多数男孩就会进入生理二次发育的阶段，但是有一小部分男孩子发育迟缓，他一下子就会觉得身边的男孩都很高了，他没有发育，他比人家矮，这时候他的压力也挺大的。

杨咏梅：青春期时孩子的反应，跟同辈压力有关系，还跟他家庭的氛围有关系。边老师谈到的"前发育"的女孩和"晚发育"的男孩，都承受着从同辈那里来的压力。同样，从小被强势的妈妈"压制"得特别乖的孩子，青春期时反抗的能量会特别大。

原来所谓的"乖"，很可能是因为家长太强势了，孩子只好服从。但青春期的明显标志就是开始独立思考，不认为大人全是对的，也不认为老师全是对的，孩子开始寻找自我，而父母仍然习惯地把他们当作小孩，还继续"压制"孩子，于是导致孩子激烈的反抗。

一般来说，女孩在青春期时跟妈妈的冲突会比较多，有的母女几乎每天都要生一场气，甚至一天吵好几次架，这其实是个好消息。很多调查表明，青春期男孩的心理困惑比女孩更多，原因之一就是父母没有觉察到，觉得男孩子"心比较大"，没看出有什么心理问题。

边玉芳：确实是这样，我们需要辩证地看待这件事情。比如说女孩子相对男孩子来说可能是往内去的，男孩子可能更多的是往外的，所以如果说性别差异，比如说校园欺凌，从破坏型的角度，一般来说男孩是多于女孩的。而像自杀这样极端的事件往往女孩多于男孩，因为男孩和女孩会有某些表达方式的不一样。我其实理解杨咏梅老师分享的观点，就是说如果孩子愿意吵架，愿意跟父母起冲突去表达出自己的想法的话，其实是一个好现象，至少孩子还愿意与你沟通。

杨咏梅： 对，冲突是好事，可以让父母观察到孩子的变化，并调整自己的教育方式。大部分家庭中这时候多少都会有一些亲子冲突，这是正常的。而平顺过渡的家庭往往是预先知道孩子在青春期会有各种变化，会给孩子足够多的自主空间、足够的尊重和信任。孩子有足够的成长空间去探索自我，就不需要特别刻意地去争夺了。当然，也有一部分家庭是父母太"高压管控"了，孩子根本没有反抗的余地，孩子的种种"能量"都被家长给"摁"住了，这样的父母可能会说："我们家孩子青春期过得特别平顺，没有青春期逆反，挺乖的。"这两种类型的家庭都是小众的。

叛逆是一个好的开始

主持人： 孩子青春期叛逆的程度、形式与家庭氛围正相关吗？

边玉芳： 我先讲讲"叛逆"这件事。我在《中国教育报·家庭教育周刊》写过一篇文章，题目就叫《叛逆是一个好的开始》。大多数家长心目中觉得青春期孩子叛逆是不好的。之前我去欧洲参加国际心理学会议，我在大会发言中谈到，我在中国开展的家庭教育调查中问家长们"关于孩子们的青春期，你想到的第一个词是什么"，中国的家长想到的第一个词永远都是"叛逆"；但是在欧洲家庭谈到"青春期"，很多家长就会想到"改变""探索""朋友""自我认同"这些词。欧洲人使用的青春期定义词汇大多是中性词，甚至有些是积极的词汇，这就是区别。我们很多家长其实挺害怕孩子叛逆的，但实际上刚刚杨咏梅老师说得非常对，孩子从一个懵懂的少年，进入青春期的阶段，当自己身体的变化越来越多、越来越快的时候，孩子就一定会思考"我是谁？""我来到这个世界上要做什么？"之类的问题，这也是孩子对自我和世界的探索，对自我的探索是一个很重要的标志，这意味着孩子已经认为自己是成人了。所以"叛逆""冲突""相互不理解"是孩子进入青春期会出现的一个必然的现象，但是不同的孩子，青春期叛逆的程度肯定是不一样的。

大多数孩子进入青春期，开始跟爸爸、妈妈、老师和这个世界上的一些现象大方勇敢地说"不，这件事情我有自己的态度和想法"，孩子一旦说"不"了，就有叛逆了，就有与外界的对抗了；大部分的孩子可能有叛逆，是恰当的叛逆，或者是正常的程度，大家应该也都能接受。孩子也会在这个过程中不断调整自己的心态和想法。我们每一位家长都是这么过来的，对吧？但家长最好事先给孩子做好铺垫，因为不一定非要等到了青春期再来认识自我。这也对我们家长提出了更高的要求。但是家长要特别注意的是如下两类情况。一类是当孩子开始进入"叛逆期"的时候，家长简单粗暴地使用高压控制的手段把孩子的情绪和想法都"摁"住，认为必须要"摁"下去，以免孩子到后面发展得更不听话，那这个时期的孩子对于父母这种类似小时候的管束肯定是要反抗和挣脱的，"你越要让我听你的，我就越不听你的"，所以很多时候孩子就会"摁"不住。还有一类情况家长也需格外注意，就是有一类家长在面对孩子进入青春期后既不"打压"或"摁"着孩子，也不关注孩子，不给孩子积极的引导，孩子如果交上坏朋友，误入了不良的同伴群体中，孩子就"不可收拾"了。

主持人： 一个家庭最好的氛围是妈妈好脾气，爸爸能陪伴。家庭氛围与孩子表现是正相关的话，该怎么早点预防青春期叛逆呢？

杨咏梅： 我在中国教育报工作，来咨询亲子问题或倾诉青春期烦恼的读者特别多。我通常会反问这些家长："10年前你们的家庭氛围怎么样？夫妻之间、亲子之间的关系怎么样？孩子的生活习惯怎么样？"得到的回复几乎没有例外——都是家庭秩序有问题、亲子沟通有问题、父母没有给孩子做好行为示范等。因为孩子在成长发展中的问题有一个延后现象，14岁时出现的问题不是那年突然迸出来的，而是童年早期积累的家庭矛盾或家庭问题在青春期的爆发。

2018年5月31日，我们《中国教育报·家庭教育周刊》策划了一期四个版的"青春期"特刊，边老师给我们写了解读自我同一性的文章，我自己写的文章是《家庭教育"体检"不期而至》。我认为青春期就仿佛对家庭教育强行做了一次"体检"，就像出具了一份家庭教育质量的强制体检报告，无情地把家庭秩序、家庭关系、家庭教养方式等方面早已存在的问题一一呈现出来。厌学、网瘾、社交退缩等让人紧张又焦虑的"异常指数"，只不过是父母角色错位、夫妻关系不和、教育分歧严重、过度关注学习、亲子关系冷漠、缺乏家庭生活等"病症"的外在表现而已。

所以，青春期其实是孩子留给家长最后的教育契机，对孩子和家长都非常宝贵。当青春期残酷无情地把家庭之前所有的矛盾、问题和教育失误都暴露出来时，我们需要反思，孩子的不听话是否跟失衡的家庭秩序有关？妈妈是不是"飞扬跋扈"到爸爸几乎没有发言权？看到问题就是改变的契机，青春期时各种问题大爆发其实是家庭教育提质的开始。

可惜的是，有些青春期孩子的家长看不到这一点，看不到自己需要反思和改变的地方，还是把问题都"聚焦"在孩子身上，甚至去埋怨老师，埋怨学校。

边玉芳： 我觉得这确实是青春期孩子的父母需要去反思自己的一个契机，但是我不太同意用"预防"这个词。孩子就是这么成长的呀！这不是一个预防的问题，不是说青春期到了我作为家长需要这么做，而是说，无论孩子是一岁还是两岁、三岁、四岁，都是有一些家庭教育的基本原则的。在家庭教育的基本原则中要求我们家长在面对孩子时不能"一言堂",也没有规定孩子就必须在所有事情上都听家长的,家长什么都替孩子安排好,这在任何的年龄阶段都是不对的。当然,青春期的孩子慢慢长大,我们对孩子的关心是该发生变化。我在2019年的9月份给《三联生活周刊》做过一次专访,那一期的封面故事叫作《中国式青春期——我们的偏见与误读》。我们家长很多时候对青春期的理解是有偏差的,就像我刚刚讲的中国家长想起青春期立刻想到"叛逆"一样。

主持人: 青春期是人一生中最具创造力、最有活力的一个美好时代。

边玉芳: 实际上青春期是一生中特别美好的一个阶段,是人生中最宝贵的年华。青春年少阶段是多么富有朝气的阶段,我们有多少文学作品在讴歌青春啊!这是我们一生最具有创造力、最有活力的美好时代。青春期阶段的亲子关系就像两个圆形逐步分开成为两个并列的主体,很多家长会担心我会不会管不住孩子了,我的回答是"不会"。我经常说,我们与孩子"血脉相连"!所以我觉得我们不是"预防"青春期,因为"预防"好像让人觉得青春期就是不好的。

杨咏梅: 可以说"预备",家长做一些青春期阶段知识上的储备。

主持人: 到了青春期的时候,有的男孩会出现一些暴力行为,这样的孩子该怎么去引导呢?

边玉芳: 青春期的孩子像油门特别足的车,刹车却不好使。暴力问题确实是非常普遍的一个问题,比如说从孩子进入幼儿园有同伴交往开始,就会有这种"你强我弱"的现象,进而肯定就会有"恃强凌弱"的欺负行为发生,但是校园欺凌最高发的时期一定是在青春期,实际上我们有很多的研究可以证明。

杨咏梅: 因为青春期是荷尔蒙指数最高的阶段。

边玉芳: 对,其实有很多脑科学的依据可以证明青春期的大脑有一些独特的发展。比如,人正常的情绪通道一般是感觉冲动到了丘脑,再通过大脑皮层到达杏仁核（杏仁核，又名杏仁体，呈杏仁状，是大脑边缘系统的组成部分。是产生情绪、识别情绪和调节情绪，控制学习和记忆的脑部组织）。而青春期的孩子很多时候感觉冲动到了丘脑就直接奔杏仁核去了，也就是有一条不经大脑的通道。情绪通过大脑就会理性，相反就会冲动。所以青春期的情绪常常是冲动的、非理性的。

杨咏梅：快速的情绪反应，行动没有过脑子就随着情绪冲动直接表达出来了。所以当孩子"一怒之下"打了人，事后你问他："你为什么要这么冲动地打人？"孩子大概率会说："我没有想为什么要打人，没有考虑那么多，一冲动就动手了。"

边玉芳：对，是这样的。孩子的冲动就在于情绪不经大脑的感觉通道直接进入杏仁核后的即刻表达，而这种即刻的情绪表达直接与我们的行动（比如愤怒情绪驱使下的暴力行动）有关。我们的感知情绪和信息的杏仁核脑区在青春期得到了非常快速的发展，但是另外一个控制冲动的脑区——前额叶的发展其实要到青春后期，一般到二十几岁才能发育完备。

杨咏梅：所以这个时期的孩子就像一辆油门特别充足的车，但是刹车系统往往不好使。

边玉芳：对，杨咏梅老师比喻得很好。

杨咏梅：我们要了解孩子这个阶段的这种状态，才不会被孩子"同步"，被孩子的冲动行为激怒，同时要想办法尽量把孩子过多的"电量"引导到高尚而有意义的爱好上去消耗掉，运动就是一种极佳的选择。

我们今天的孩子们为什么那么易怒？那么不开心？重要原因之一就是运动不足，活动的时间和强度不够。在家里家长不让做家务，在学校运动一小时根本做不到，劳动教育也没有很好地普及开展，孩子长时间静坐在书桌前，过剩的"能量"就攒着，在学校"折磨"老师、回到家"折磨"家长。

边玉芳： 有句网络流行语"无处安放的青春"就指的是年轻人有很多用不完的"能量"，之所以青春美好就是因为青少年有无穷的能量，青少年有无穷迸发的热情。但家长要引导青少年把这种能量、这种热情"发泄"到一个更合适的地方，让他们去发明、去创造自己的一个新世界，能做到这些的青春期就是非常美好的一个状态。

杨咏梅： 我曾经看过一部外国电影，讲的是一所欧洲的男校，学生在体育课上疯狂地消耗体力——教师将一个巨大的皮球扔到河里，男孩子们分成两队，在水中追逐、抢球、防守，在高强度的运动过程中消耗体能，累得筋疲力尽以后，到了晚上，这些白天体育课上的"混小子"们，穿上燕尾服拉小提琴、弹钢琴、唱歌，在高雅的艺术活动中成了安静文雅的绅士。这两个场景非常有意思，值得我们反思。

边玉芳： 所以还是要谈到刚才我提到的观点——我们不是在"预防"青春期，而是说从一开始怎么去安排好每一个孩子的生活。如果说孩子在进入青春期之前能够有一项体育爱好，青春期时就能够把它发展为像在血液里流淌着的气质与习惯。

杨咏梅： 那这个孩子一辈子都会非常享受自己热爱的体育运动。比如爱好游泳，就会一辈子都有游泳圈里的朋友，与他们志同道合，运动时互相加油、鼓励，这对孩子的健康成长特别有帮助。

边玉芳： 所以我觉得，上述需要培养的许多爱好与习惯，如果孩子到了青春期还没有培养完成，那么这时候家长就真的需要努力帮助孩子务必完成这个任务了。就像我们常说，青春期这个阶段其实是家庭教育的最后一个能够比较有效地去调整孩子行为的阶段，一旦再错过这个阶段，未来孩子行为的调整和培养，就会越来越难。到青春期这个阶段，如果我们家长能把孩子引到一个正确的轨道，让他找到自己未来的路，能够正确地认识自我，基本想明白自己未来想从事什么样的职业、未来想成为一个什么样的人等话题，这个孩子的一生就会比较顺畅。所以我觉得，这也是我们做这个节目让广大家长明白这些道理特别有意义的地方。

学会做孩子的听众

主持人：　一些青春期的孩子就是不和父母沟通，遇到这一类型的孩子，家长该怎么办呢？

边玉芳：　沟通是青春期一个永恒的主题。其实是我们很多家长在之前抚养孩子的过程中都没有做到好好沟通这件事情，到了这个阶段后，家长发现与孩子完全不能正常平等交流了。

杨咏梅：　对，面对特别强势、特别爱讲大道理的父母，孩子会觉得"我既然吵不过你，也抵抗不过你，那我干脆不理你好了"，也就是一种"我惹不起你但我躲得起你"的心态。

边玉芳：　从认知发展角度，我们的孩子在青春期已经到了认知发展的高峰期，抽象思维能力、逻辑思维能力都已经发展得很好了。说直白一点，孩子已经比家长聪明了。实际上沟通这个问题永远都会存在的，有很多家长是不会与孩子沟通的。孩子小的时候虽然也不爱听家长的"碎碎念"，但无奈"迫于"年龄太小，"抵抗"能力太弱也就只能听着父母的"碎碎念"；但是后面等到孩子长大，到青春期的时候，家长就会很明显地发现你说的孩子都不听。而且有很多家长跟我说，到了青春期之后，孩子就把他的微信朋友圈给屏蔽了。我们说什么叫作沟通？那就是"听到说者想说，说到听者想听"。但我们的家长最不会听，听不懂孩子在说什么，常常听到孩子语言表达的表面意思，不能知道孩子真正在表达什么，孩子可能在表达一种渴望被理解的情感，但这些家长都听不懂。

还有一种情况是孩子在正常地与父母沟通交流，父母就先焦虑到不行。我举个很典型的例子。前段时间听到一位妈妈和青春期孩子的交流对话，孩子对妈妈说："妈妈，我们这个英语课的老师很不好玩，上课基本照着书念。"这位妈妈就紧跟着说："哎呀！我小时候也碰到过这样的老师，我那时候想着老师上课这么差，我就不听了，后来想起来自己太吃亏了，书又不是给老师读的，老师再不好他也比你强啊！你要好好地听老师的课……"但其实孩子根本没有说他不想听老师的课，他只是在表达一种情感——他不太喜欢英语老师的教学方法而已。所以这位家长就不会听，家长的这种说教的方式，其实青春期的孩子是非常反感的，这时候他已经很独立了，不太需要你再唠唠叨叨讲大道理了，他只需要你作为家长跟他一块去"同理"他的感受，只要家长能知道孩子在说什么，跟随着孩子的思路去梳理他整个心理变化的过程，孩子其实自己就会得出我应该怎么办的策略。

杨咏梅： 要求家长都像心理咨询师那么专业肯定比较难，但如果感觉到孩子总对咱们关上心门，大人就要停下来反思了。孩子长大的明显标志就是把自己房间的门关上，中国外国都一样，有的孩子会在门上贴禁行的交通标志，画上一把锁，最绝的是在门口拉根绳子，表明未经允许任何人不能迈入我的房门，这都很正常。

父母要知道这意味着孩子长大了，到了我们必须放手的阶段，不能由着原来的惯性去管孩子了。但是要跟孩子立界限，要有家规、有边界，边界以内要绝对尊重孩子，边界以外绝对不允许。

比如说关于锁门，我当时对女儿说："你回到家只能关门，不能锁门，我进你的房间前一定会敲门的，但你执意要锁门，我就请人把门拆了。"所谓的预备青春期，就是把孩子当成年人看待，凡事提前跟孩子立约，不要等到事情发生了，比如玩手机、熬夜等，再"打成一锅粥"。

父母：做永远的守护者

边玉芳： 青春期子女的家长也需要树立规则。关于这个问题，我的观点是我们的孩子到了青春期之后，家长要做一个远远的守护者。实际上这里面有两个观点，第一个是孩子到了青春期之后，家长与孩子的距离一定是要远的，但是也并不是说远到不管孩子；第二个就是我们家长必须要有底线。大家都可以看到很多青春期孩子犯罪的案例，实际上就是因为父母放任不管，孩子做事没有底线，所以家长首先要有底线，在有底线的基础上做一个远远的守护者。这里再举一个例子。即将要高考了嘛，来找我咨询的有一对父母，他们说疫情期间不知道孩子整天在房间里关着要干吗，说我们能不能给孩子房间里装个监控啊？实际上家长如果真的装上了监控，一旦被孩子发现，那亲子关系绝对面临非常大的挑战了。而底线其实是孩子从小到大一直都要有的，青春期尤其要有底线，要不然孩子很容易闯祸。其实，我想对孩子处于青春期的爸爸妈妈说，守护就是一种正常的生活，跟他一块吃早饭，一块吃午饭，一块吃晚饭，这实际是了解孩子的途径，如果青春期的孩子，家长越来越不了解的话，那挺糟糕的。

杨咏梅： 是啊！除此之外，有时候家长还是习惯"小看"孩子，遇到事情就开始讲道理，用的还是之前的话语体系："我要不帮你一把能行吗？""如果你这么做犯错误了怎么办？""我要不给你把这道理讲清楚？""你在老师那儿吃亏了怎么办？"家长在说这些话的时候，就是没有意识到孩子正在慢慢成长为一个成年人。

边玉芳： 这就是所谓的"关心则乱"。家长要意识到家一直是心灵的港湾，实际上家最主要的作用不仅仅是帮孩子一块来想办法，孩子小的时候家长可以这样，但随着孩子越来越大，其实孩子就是想找一个说话的地方，想着找父母倾诉一番，有一个发泄自己情绪的地方，家就是一个特别棒的地方。家长需要注意沟通方法上的一些问题，真正站在孩子的角度思考问题，家长要会去"听"孩子的话，揣摩孩子说这些话是什么意思，这实际上是家长对自己孩子的"共情"，设身处地地为孩子着想才是解决问题的根本方式，这也就是我一直说的要读懂孩子的很重要的因素。

杨咏梅：我有个建议，父母双方可以达成默契，当其中一个忍不住去唠叨孩子的时候，另外一个家长悄悄地录音，因为我们处于某种情绪中的时候，往往不知道自己说了那么多不应该说的话。孩子小时候，父母的听和说可能是三七开，父母必须多说一些，从吃饭穿衣这些小事教孩子各类规则、各种道理。到了孩子的青春期，一定要倒过来，一定要变成七成以上的听，三成以下的说。人在生气的时候不知道自己有多啰唆，那就请家里人把你的唠叨录下来，回头等你平静了放给你听，这一招比什么劝说都管用。

拒绝不良代际传递——我的经历不能"带"给你

杨咏梅：边老师刚才提到一个特别重要的概念就是"模仿"，孩子是天生的"模仿大师"，包括青春期"暴力型"的孩子。我们需要反思，这类孩子为什么会用暴力和那么强的情绪来处理问题？那是因为他的生活当中有这样的成人，他是模仿成人才会这样做的。

边玉芳：有时候是不知不觉地在"代际传递"，代际传递的作用还是蛮强大的。我们先说原生家庭，其实我本人特别不喜欢原生家庭这个词在当下的使用状况，因为很多人都会埋怨原生家庭，即使已经成人了，还都在说现在的某些问题是由自己的原生家庭带来的，其实不要那样去讲。我们可以去反思自己的爸爸妈妈给自己的成长带来了什么，但现在我们已经成人了，不要把所有的责任都往原生家庭上去推。比如要切断原生家庭中爸爸是酒鬼的劣势，那么我自己就不能成为酒鬼，我的孩子也就不太可能成为酒鬼；我的爸爸是暴力的，我自己引以为戒不能使用暴力，那么我自己的孩子也就不太可能会有暴力的倾向。我们一定要相信孩子自身有这种向上的力量，作为家长的作用其实是发现孩子的优点，发现孩子自身的潜能，引导孩子把他的潜能发挥出来，而不是说永远做一个指责者。实际上家庭教育成功的标志是孩子从你的身上得到了能量，通过他自身的这种成长，他能够离开这个家庭，能够独立地开始他的新生活。而不是说因为担心孩子而不让他离开，我就要把他拴在自己的身边。只要我们的家庭教育是好的，我们的孩子是好的，我们就永远跟孩子隔不开那种亲情关系。物理距离上的在一起不是真的在一起，真正的在一起是永远心连着心，孩子一有什么问题永远都想着跟爸妈沟通，这才是精神上的血脉相连，是更加紧密的联系。

人："撇"与"捺"的协调发展

主持人： 有家长想请教，青春期的孩子睡眠少，学习压力大，家长该怎么帮他解压呢？

边玉芳： 这实际上是非常典型的青春期的问题。关于这个问题，我曾经给《人民政协报》写过一篇文章，我在那篇文章中谈到一个观点：中国儿童青少年的成长需求被大大减化，我们孩子其实有多方面的需求和各方面发展的需要，有交友的需求、娱乐的需求等各方面的需求，我们要允许孩子踏进生活的"土壤"里面，感受生活的美好，这样的人才是真正健康的人。但是很多家长和学校都对孩子课外活动和探索的时间进行了"压榨",孩子的日常生活除了学习还是学习,中国是视学习为最重要的事情的国家之一。所以我们在这里呼吁真的要给孩子丰富多彩的生活,这是需要学校和家庭共同去做的。

杨咏梅: 青春期有好多关键词。我个人觉得汉字里面有两个字很奇妙,一个是"寻找"的"找",一个是"我"。青春期要干什么?从13岁到19岁,我们的孩子要完成一个什么任务?就是找到自我,知道我是谁。就像我们的"人"字,人的一撇一捺就是两个支持系统,一"撇"就是他的价值支持系统——"我会什么",我会学习、我会游泳、我会编织、我会做饭、我会写作、我会外语等各种生活能力;一"捺"就是情感支持系统——"我有什么",我有亲情、友情、爱情。两个支持系统都丰满有力,孩子才能叫成人了。

每个人都是这样过来的,原来是爸爸的孩子、妈妈的孩子,慢慢长成了我自己,以我的名义在这个社会上生存。在人字一撇一捺的构成当中,如果孩子的价值支持系统只有薄薄一小片——"我很聪明""我会学习",随着他进入重点高中,进了北大、清华,发现那么多人比他聪明、比他厉害,他的价值系统就可能会崩溃。

很多家庭为孩子的学习问题感到苦恼,我建议父母要反思的是,孩子目前取得的学习成绩是否过于透支了孩子的精力。如果孩子没有时间运动,没有时间阅读,没有时间玩,没有时间做家务才得到这个成绩,那么孩子的童年被严重透支,学习时不会快乐,也没有动力再去冲更高的学习难度和成绩。

为什么孩子现在有这么大的压力?是否因为家长把所有的赌注都押在学习上?但仅有书本学习支撑不了孩子成长的完整性。

边玉芳: 但实际上,学习成绩是一个很神奇的东西,是非常多的因素在学生身上起作用的结果。因为学习成绩的影响因素有很多,例如,孩子的智力水平、认知能力发展水平、身体素质、情绪状况、学习时注意力的集中程度，等等。各种各样的因素最终都会影响孩子的学习成绩，所以学习成绩是一个"果"，它的影响因素是多方面的。家长想追求孩子取得好成绩这个"果"并不是错的，但我们家长一定不要只关注孩子的成绩，把成绩作为唯一，当我们把学习看成是孩子生活的唯一的时候，我可以说绝大多数情况下，这个孩子他也学不好。除此之外，我也真的想给我们的广大家长提一个醒，到了青春期，亲子冲突问题真的要引起家长的高度重视。我们很多家长只关注结果，希望我们的孩子有良好的行为，能够每天安心读书，学习学习再学习。我一直说这只是一个结果，家长一定要关注过程，如果孩子学习的过程不愉快，那么学习的结果肯定也就不好。也不能说我为了保证孩子的学习过程愉快，整天跟孩子"和风细雨"，孩子的学习结果一定就是好的，但是如果每天都是冲突来冲突去的话，孩子最后的学习结果一定不好。

调节家庭关系——"加减乘除"四步法

主持人： 疫情期间，很多家庭因为长期生活在一个近距离的空间里，亲子关系变得更加紧张，在这种情况下如何做好亲子沟通呢？

边玉芳： 最近我在其他公开课上经常说到，如何在疫情期间建立良好的亲子关系。亲子关系的质量有两个维度可以参考，一个维度就是亲子冲突，如果家庭中亲子冲突频率太高，家长与孩子之间肯定没有好的亲子关系，但是有些家庭亲子之间可能表面看着"和风细雨"，但实际上亲子间紧密的情感没有建立，所以我们要注意亲子关系的另一个维度——"亲子亲和"。我们还是回到前面讨论的这个问题，在青春期这个阶段，无论是不是在疫情期间，我们应该怎样跟孩子正常地沟通？

怎么样在教育孩子的理念方面能够有一个比较科学正确的角度？比如说我培养孩子的目的是不是只有学习这一件事情。其实聪明的家长还需要去思考的就是，我最终的目的是要让孩子考上好的中学、好的大学，那么应该使用什么样的科学方法让孩子更爱学习呢？这其实是有很多办法的，亲子冲突肯定是其中最不好的一个办法，而友好的亲子亲和是非常重要的因素。

杨咏梅：亲子冲突不是由疫情引起的，是原来就有的"病根"被居家时光放大了。亲子关系处得好和亲子关系不好都是有原因的，我想用"加减乘除"来提一些建议。

"加法"就是增加家庭生活的丰富性。边玉芳老师刚才说了我们需要远远守望孩子，不是说你在自己的屋子，让孩子到另外一屋去，让你们之间形成一种"对峙"，而是在亲子之间引入大量的活动内容，在活动中观察孩子，了解孩子的需要。比如游戏、手工、玩耍、拍小视频，等等，这些都是做加法。

"减法"就是减少你对孩子的关注，给自己一点时间关注一下自己。希望这个"减法"能让许多家长把自己的一部分注意力"收"回来，用在自己身上，趁着这个机会读一读自己喜欢的书，练一练自己擅长的乐器，学习一下自己原本想学的东西，不要24小时盯着自己的孩子，这样谁都受不了。

"加法"是丰富家庭生活的内容，"减法"是降低对孩子的关注。

"乘法"就是但凡孩子有做得好的地方，就要多鼓励。谁家的孩子也不可能全是毛病啊！他有20分钟注意力特别集中，你就夸他那20分钟，夸他做得对的那一条。孩子其实是很懂的，他知道哪里做得好，哪里做得不好，被夸奖让孩子有自信，不努力都不好意思。

"除法"就是咱们家长要调整好自己的心态，不能孩子出现一点小问题就惶恐，就焦虑万分。要知道家长眼里孩子的毛病，有的是特点而不是缺点，有的其实是全世界好几亿孩子都会面对的，所以家长要降低自己的焦虑感，不要动不动就说"完了完了，我们家孩子如果这样下去就上不了大学了"。当你知道成千上万孩子都会遇到类似的成长问题时，用这个大分母一做除法，就没有那么焦虑了。

所以，不妨试试"加减乘除"法，创造和谐的亲子关系。

边玉芳： 所以青春期孩子的家长需要特别关注的内容就是要给孩子一个自主的空间。因为原来孩子们很多时间在学校中，家长"眼不见为净"，而现在孩子很多问题都在你眼皮子底下，你再用一个"放大镜"无限放大孩子的某些缺点，就会觉得孩子所有的做法都好像不符合你的要求，然后你愤怒的情绪就上来了。我们很多家长还不能控制自己的情绪。

杨咏梅： 要知道好多成年人觉得自己还没结束青春期呢，不是"青春期"遇到了"更年期"，而是"青春期"遇到了"青春期"。有些父母本身心理尚未成熟，孩子长大进入了青春期，在有限的物理空间和权力空间里，双方产生冲突是再正常不过的事情了。

边玉芳： 父母身上很多问题确实是很值得反思的，所以今天也给家长提个醒，我特别赞成一句话：孩子成长的过程也是自己变得越来越美好的过程。比如说我们在对很多案例的梳理中发现，很多的全职妈妈在教育孩子的过程中，孩子反而"延展"出了更多的问题，就是因为全职妈妈把教育孩子当成了自己的职业。

杨咏梅： 专业度又不够。

边玉芳： 对，家长太关注孩子了，不论你是不是全职妈妈，你都一定要有自己的生活，你也一定要给我们的孩子一点空间。如果家长和孩子天天在一起都把"放大镜""显微镜"全部拿出来的话，那真的无论多么好的孩子，你都可以找出问题来。

"恋"不"早","早"不"恋",放平心态看"早恋"

主持人: 青春期早恋是一个常说的话题。男孩的家长可能稍好一点,女孩的父母就很紧张。该如何和青春期孩子谈性教育呢?

边玉芳: 说到早恋,我觉得我女儿有一句话说得特别经典,她就告诉我说:"早恋早恋,恋不早,早不恋。"其实我蛮赞成她这句顺口溜似的话。"恋不早,早不恋",其实只要知道"恋"了,也就差不多是不早的时候了,也就代表着你基本成熟了。伟大作家歌德曾说过一句话:"哪个少女不怀春?哪个少年不钟情?"对吧!所以我觉得家长及孩子首先都需要放平心态,承认这是一个很正常的现象,这个太重要了。为什么这么说呢?前段时间豆瓣网有一个小组,他们在讨论什么呢?——我的妈妈是如何把我变成剩女的。这些成员一致认为,父母在自己情窦初开、懵懵懂懂的时候是不让自己谈恋爱的,甚至很多成员一次恋爱经历都没有,不懂得爱人更不懂得被爱,然后大学毕业找到工作后突然家长又希望她们赶紧结婚,难道是有人一直在等着她们吗?现在好多优秀的女孩子都没有男朋友,我其实是很为这些女孩子担心的。她们现在的状况是与她们爸爸妈妈的教育有关系的。绝大多数家长都觉得孩子初中、高中当然不能谈恋爱,必须以学习为主啊!到了大学就可以谈了,但是等我们的孩子到了大二之后,家长又会说自己未来的道路都不知道往哪里去,你谈什么恋爱啊!等到你大学毕业了考上研究生了再谈吧。当孩子上到研究生了,家长就突然焦虑了,孩子竟然从来没有过类似的经验。因为人际交往的能力,包括跟异性交往的能力,是从小一点一点累积起来的。

其实我特别理解家长关于孩子早恋的两个担忧。第一个担忧是怕因为早恋影响学习。其实从我自己的观察来看,有很多孩子因为两个人关系好,学习成绩反而逐步提高,当然也有影响学习的案例。我们的家长是要去教我们的青春期的孩子怎么去正确恰当地处理情感问题，而不是一味地回避和打压孩子青春期的情感。第二个就是对性这一问题的担忧，这个是特别重要的。我觉得在性教育的问题上一定要提早，性教育这个话题里面包含了非常多的问题，比如说怎么跟孩子讲"性"，讲"你是怎么来的"的话题，这些话题都是家长羞于启齿、不太好开口的问题，那这个时候，推荐孩子阅读相关图书就很重要。我曾经跟我女儿讨论阅读，她就谈到一个观点，她认为阅读是父母和孩子之间的一个"第三者"的存在，它成了我们亲子交往的一个"缓冲剂"。很多话题我们不方便讲，那我们就给他买一本关于性教育的书让他来读。当然，这虽然能有效地让青春期的孩子掌握一定的性知识，但是依然代替不了爸爸妈妈的亲身教育。我一直主张当我们的孩子性发育之后，爸爸给男孩子讲讲相关的内容，妈妈给女孩子讲讲相关的内容。另外，这个阶段的孩子观察爸爸妈妈之间的相处模式，这对他未来的婚姻影响特别大。我觉得一个好的家庭，其实应该为孩子的恋爱、婚姻，为他的异性交往提供一个好的榜样，所以在这里面爸爸妈妈的相处也很重要。家长不必担心和恐惧，我们自己当初也是由懵懂无知到为人父母的，现在我们处于新的时代，我们有更多的育儿书籍可以看，我们也一定会有更多教育孩子的方法。

杨咏梅： 我觉得把"早恋"的"恋"字改一下，改为"练习"的"练"，家长的心情就会放松很多，心态就会比较坦然。人类情感的发生，就像植物到了一定的季节要发芽、开花一样，是生命正常成长的阶段，孩子到了这个阶段，没有情窦初开的体验反倒不正常。"练爱"其实就是一个人际关系的练习，孩子需要去练习怎么向异性表白，怎么承受异性的拒绝，怎么得体地拒绝别人又不伤害别人……这都是人生的必修课。

家庭怎么做性教育？基本原则是，孩子一问父母就如实回答。因为性教育没法"正襟危坐",家长不可能突然对孩子说:"来,孩子,坐下来听爸爸(妈妈)给你讲讲性教育。"孩子会觉得很怪。孩子关于性的问题随时可能冒出来,冒出来以后,家长就认认真真地回答,哪怕不知道也要正面回答:"哎呀!爸爸(妈妈)也不知道这个问题,咱们一块去翻翻书吧!"

对于性,家长的态度比传递给孩子的知识更重要。孩子不会把家长当百科全书,但会从家长的态度里面解读出价值取向。例如,你和孩子一起坐地铁,有一对情侣当着众人特别亲热,你是捂着孩子眼睛不让他看呢,是岔开话题转移孩子注意力呢,还是很平静地对孩子说"真正相爱的人不会在公共场合这样不得体"?这就是对孩子的性教育。

边玉芳: 实际上性教育不是到青春期才开始的,是要从孩子小时候就要开始的。而青春期是对孩子进行性教育的一个最重要也是最后的机会,在这时期的性教育和儿童时期的性教育也很不一样,因为孩子马上就有"行动力"了,这个时候最好是由爸爸对男孩、妈妈对女孩进行教育。如果有些话家长说不出口,那就通过推荐孩子阅读或者通过其他人引导的方法进行教育。我觉得家长对孩子的性教育一定要重视,我们既不要担心孩子一谈恋爱,一跟异性接触就马上会有性的行为,有什么不好的事发生;但另一方面我们确实也要把它当作一件非常重要的事情,给孩子做好预防,包括实事求是地问他有没有能力承担所有一切的后果,这些都是我们的爸爸妈妈要提前给孩子做好的准备。

我觉得只要我们读懂孩子,只要我们永远对孩子保持着一种好奇心,能从孩子的角度思考我们孩子的所作所为,我想我们一定能找到亲子沟通的钥匙,一定会陪伴我们的孩子顺利地度过青春期,为他未来的人生打好基础。

杨咏梅: 我想提醒青春期孩子的父母,要回归常识,做你能做的,做不到的也不要那么焦虑。因为孩子是一颗种子，不是一张白纸，他的未来你要负责任，但你不必负全责，因为上天创造了他，给了他全部的生命密码和"原装正版程序"，他长成什么样，咱们说了不算。我们能做的就是创造好的家庭氛围、好的家庭环境，让孩子有一个正常的、温暖的家庭成长环境，并且尽可能地做好示范，这些就够了，不要太多关注他，让孩子自己好好成长。

家长感言

通过两位老师的精彩分享，我了解到孩子在青春期会开始进行自我探索、自我判断，叛逆是孩子进入青春期的一个标志，每个孩子的叛逆程度都不一样。家长需要增加家庭生活的丰富性，增加亲子互动，减少对孩子的关注度，给自己一点时间，也给孩子一些空间，家长要学会多鼓励、多称赞孩子。孩子的一生中，父母会起到很大的作用，父母需要尽可能做到创造好的家庭氛围，找到合适的沟通方式，陪伴孩子顺利地度过青春期，为他未来的人生打好基础。

广东省广州市白云区良田中心幼儿园　刘××家长

观看视频受益匪浅，感谢老师的分享，让我更有信心引导和陪伴孩子一起度过青春期。青春期是孩子世界观形成的关键时机，需要外界教育来正确引导孩子。我们家长需要更加耐心、细心和用心地帮助孩子度过这一时期。作为家长，要对孩子有耐心，不要总是指责孩子，要多鼓励孩子，多陪伴孩子，和孩子一起看书，一起玩游戏，孩子不会的作业要耐心讲解。父母是孩子最好的榜样，所以，父母首先要和谐，以身作则，这样才能教育出优秀的孩子。

广东省广州市白云区竹料第一小学　冯××家长

　　孩子步入青春期后开始了自我探索，对事物有了自己的想法，这时我们父母要做的不是将自己的想法强加给孩子，而是要注重孩子内心的感受，做孩子永远的守护者，让孩子能自由地去探索世界的奥秘。当然这样并不意味着我们不管孩子，青春期的孩子虽然有了自己的思想，但心智还不太成熟，需要我们做引路人去引导孩子走向正确的道路。

　　节目中专家的经验和建议值得我们学习和借鉴。关于底线思维，我们应该告诉孩子哪些是违反法律的事情，是不能做的，哪些是有违社会道德的事情，是不能做的，让孩子在自我发展的道路上不会偏离轨道。沟通是永远的主题，只要我们多走进孩子的内心，多鼓励、引导孩子，我想"叛逆期"将是孩子一个好的开始和变得优秀的契机。

广东省佛山市第六小学　陈××家长

专题九
成长规划——帮助儿童体验、找寻未来发展方向

专题导语

每个孩子生下来时的人生画卷都是空白的。家长帮助孩子在上面绘就什么样的图案，孩子就会有什么样的人生。如何引导孩子在人生画卷的书写中做到"心中有数"是一门艺术。现实生活中，激发儿童对未来负责的态度与责任心，帮助儿童体验到不同职业的特点与意义并最终确定自己人生的目标与航向，是每个家长的愿景。本期专题即以文字转录形式收录了来自中国青少年研究中心孙云晓教授、首都师范大学教育学院李文道副教授关于上述问题的分析与讨论，希望通过专家的智慧点拨、案例分享及科学建议等方式给予广大家长以启发与思考。

专家简介

孙云晓，中国青少年研究中心家庭教育首席专家，国务院妇儿工委办公室儿童工作智库专家，中国教育学会家庭教育专业委员会常务副理事长，首都师范大学特聘教授。曾出版《夏令营中的较量》《习惯决定孩子一生》《五元家教法——好父母的必修课》《遇见文学的少年妙不可言》《用心教养——孙云晓与中外心理学名家的对话》等家庭教育读物几十部，讲授音频课程《36堂家庭教育通识课》和《9个好习惯成就孩子一生》。其"教育的秘诀是真爱""教育孩子的前提是了解孩子，了解孩子的前提是尊重孩子""向孩子学习，两代人共同成长"等教育主张被广大家长朋友深刻认同。被国务院表彰为有突出贡献的教育科学研究专家。

李文道，首都师范大学教育学院副教授、家庭教育研究中心副主任，北京师范大学发展心理学博士，中国教育学会家庭教育专业委员会常务理事。与孙云晓合著家庭教育畅销书《男孩危机?!》《女孩危机?!》《好好做父亲》，三本书的海外繁体版已陆续由香港三联书店发行。《好好做父亲》韩文版2013年已由韩国KPI出版集团出版发行。主张用专业的心理学知识服务于中国的家庭教育，帮助更多父母更新教育理念，提升教养效能。

报培训班、买学区房是机械式的规划

主持人： 说到给孩子做成长规划，有的家长认为报兴趣班、买学区房就是为孩子做好成长规划，您对此怎么看？

孙云晓： 这是一种比较机械化的规划。家长不能把孩子当成机器人，好像是出生以后就进了流水线，未来所有的发展都按部就班、依轨道行进。家长的这种所谓的规划，有可能忽视了孩子内心的特点和需要。这种机械的规划一旦实践在孩子们的身上，很可能执行中发生的事与家长自身的愿望背道而驰，甚至有可能会由于强行为孩子规划的道路不适合孩子的发展，造成两代人的痛苦与遗憾。这些遗憾的发生，究其原因就是家长没有意识到，为孩子做任何规划都要符合他自身特点与内在的需求。通俗来说，就是没有了解孩子的潜能是什么、兴趣是什么。做家长的往往容易忽略孩子的愿望、孩子的潜能，家长在潜意识中认为给孩子提供最好的、最有名的学区房，孩子只要上个好大学、学个好专业，就会获得幸福快乐的人生，自己为孩子规划的道路就是正确和合理的。殊不知这些机械的规划与设想的结果有可能抹杀孩子的个性，难以达到预期的目标。

李文道： 关于给孩子的人生做规划的问题，父母首先需要明白一个最关键的道理，就是为孩子的成长做规划时，家长和孩子在其中的主次地位是不一样的：家长是一个支持者和帮助者的角色，居于次要地位，孩子居于主要地位。孩子的人生需要孩子自己去经营、自己去感受，所以他的人生规划必须是自己做主，作为家长一定要先尊重孩子的主体地位。但是，现实情况是好多家长已经"喧宾夺主"了，就是说父母在做主角，孩子实际上成了配角。在现实生活中，每个孩子的性格和特点都是不一样的，所拥有的未来也是不确定的，在孩子探索未来的过程中，在父母的支持与引导下，会逐渐找到适合他自己的道路。"喧宾夺主"是一个误区，即家长自作主张为孩子规划未来。

另一个误区就是"刻舟求剑"，即家长通常会依据自身过去的经历去给孩子的未来做大胆的规划。实际上，这个世界变化越来越快，技术的变革、思想的进步都是日新月异的，家长过去的经验往往是不能够去预测未来的世界的。因此，父母一定要谨慎，对未来的世界保持一个开放的态度：我可以借助我的个体经验做当下的判断，指导当下的行动。但是，我还需要考虑未来社会对人才的要求是什么，我应该如何帮助孩子适应未来社会对人才的需要。家长在指导孩子做未来规划时，就需要有这种态度，继而让孩子找到人生道路，这才是真正的人生规划。

孙云晓： 实际上，在为孩子做成长规划的时候，父母往往忽视了孩子的权利。作为孩子来说，他一生下来就是一个独立的主体，他有潜能、有自身独特的需要、有独立选择的权利。这个时候一定要把这些特质都结合起来并对孩子予以尊重。儿童是指 18 岁以下的任何人，每个儿童都有四项基本的权利。第一是生存权，作为家长要让孩子受到最好的照料。第二是发展权，他有不断发展自身能力的权利。第三，儿童有受保护权。第四项权利也很重要，叫作参与权。就是说，一切和儿童有关的事情，儿童都有权利表达自己的意见，成年人要认真听取并且吸纳其合理的诉求。成长规划中一个特别关键的原则，就是家长既要考虑清楚孩子的性格和爱好是怎样的，什么样的发展状态是最适合他的和最好的，又要听取孩子的愿望与要求。只有这样，孩子内心的"发动机"才能蓬勃地转动起来，让自己的兴趣"引擎"带动自己向正确的方向发展。

  换句话说，父母教育孩子归根结底还是教会孩子做人。那么孩子应该如何在社会中做人呢？孩子需要发现自己的兴趣与优势，需要发现社会的发展趋势和需要，从而找到适合自己的目标，并且逐渐树立正确的价值观和人生观。这样的发展与追求是特别重要的，也是父母特别要注重培养的。具体怎么做呢？就是要通过给孩子提供丰富多彩的实践体验，让孩子发现自己的潜能，同时逐步认识社会，然后确定奋斗的目标和追求。

  但现在可悲的是什么呢？就是好多父母都会觉得孩子这么小啥也不懂，常常挂在嘴边的话就是"你想的那些东西都太幼稚了，太浪漫了，根本不可能实现"。举个例子，有的孩子喜欢画画，有的孩子喜欢写作。有个女孩子初中写了30万字的小说，我也是个作家，我写过长篇小说，我太知道了，写30万字小说起码得要几个月的时间和辛苦，中学生上课又那么忙，时间很紧张，能写出来这么一本厚厚的小说，真的是凝聚了这个女孩太多的心血。但她父亲知道女儿写小说后，不管三七二十一，就直接一把火把女孩辛辛苦苦写的小说给烧了，父母觉得孩子想当作家那是痴心妄想，是走火入魔，写这些"非正事儿"的东西是没有出路的。其实，有的时候父母觉得孩子不行的事情，恰恰是点亮孩子生命火焰的最重要的燃料。所以我觉得，在孩子的兴趣点上尊重孩子是特别关键的，给孩子更多的体验，让他有自己的梦想，让孩子按照自己的潜能、优势和兴趣点正常发展，最终达到最好的状态，而不是一切按照家长安排的路子去走，这是非常重要的。当然，父母的某些担心也是出自爱心，但你可以选择倾听和讨论，可以征求相关专业人士的意见，可能会取得更好的结果。

主持人： 很多家长也有这样的担忧，害怕孩子拿玩电竞来逃避学习。家长应该怎么判断孩子对于一些兴趣点和活动，是真喜欢呢，还是在借此逃避学习？

李文道： 对于这种情况，家长需要尊重孩子的主体地位。如果孩子确实有这个爱好，而且这个爱好与他将来的职业有比较强的关联性，那么父母就要坚定地支持孩子去追求自己的梦想。其实，孩子没有梦想才是最可悲的。现在有些孩子实际上是没有梦想的，考大学只是为了完成父母的一个愿望，没有个人在其中奋斗的乐趣与成就感。对我们成年人来说，所谓的幸福就是你现在做的工作正是你梦想干的，而且是你擅长的，这就是一种比较理想的职业状态。对孩子也一样，他想做的与他的能力如果能够匹配在一起的话，这就是最理想的状况。当然，要达到这种理想状况确实不容易，因为这需要家长和孩子不断地摸索。孩子往往处于求知状态，他具备什么样的潜能，要通过不懈的尝试与探索，多体验，不断试错，才能最终得到想要的答案。家长千万不要认为这个探索过程是在浪费时间，这些时间是"磨刀"时间，"磨刀不误砍柴工"。2020年的全国高考报名人数达到了1071万，可谓"千军万马挤独木桥"！未来的社会会越来越多元，有些孩子真的不一定非走大学这条路。现代社会的职业远不止三百六十行，每一年都会出现新的不同的职业，比如陪跑员、试吃员、带货主播，等等。在职业选择上，千万不要没做任何尝试就轻易做决定。

孙云晓：我们应当看到，今天的社会不是稳定不变的，而是瞬息万变的，在这个变化当中，孩子其实是有很强的捕捉社会变化的能力的，孩子对新事物的出现往往比大人还要敏感。那么在这个情况下家长不是回复一个简单的"好"或"不好"，或是"选什么""不选什么"，而是应该帮助孩子基于体验过程以确定目标。实际上，这世界上不存在一个没有任何潜能、没有任何爱好的孩子，是不可能有这样的孩子的。孩子之所以暂时找不到兴趣点和目标，是因为体验得太少，经历得太少，生活太贫乏无味。提出多元智能理论的霍华德·加德纳教授在回答怎么发现孩子的潜能的问题时，他说经常带孩子去博物馆、科技馆，让孩子尽可能多地体验，你就会发现你的孩子对什么东西特别感兴趣以及优势所在。

如何让孩子获得良好的发展？当然需要坚实的基础。我们不能忽视九年义务教育的重要性，这是国家保障儿童发展权的重要体现，中国儿童发展权的核心就是受教育权。因为现代人和过去不一样了，现代人需要接受完整的教育，才能够有更好的发展潜力，这是国家对孩子权益的保护，也是对孩子最大的爱。

  这个问题也间接回答了现代人为什么会发展得比过去好，一个重要的原因就是受到了良好的教育，现代人广博的知识基础与视野允许他可以自由广泛选择。所以在这一点上我不建议很多家长为了孩子早年成名，刻意培养孩子的某种爱好与特长，小小年纪去当艺人、去走秀，做这些事情的前提是首先要接受九年义务教育，这对他长远的发展和选择是至关重要的。不论我们的孩子以后干什么，我们做家长的都应该知道，无论是特别出彩的运动员，还是特别有影响力的艺人，个人背后的文化积累是支撑一个人能够走多远、走多久、走多好的根基。不管你有什么爱好，先把做人做事与知识积累这些最基本的事做好，两条腿同时走路，这样孩子才可能获得优质的发展和人生幸福。

要想职业规划好，不断尝试是个宝

主持人： 未来可供孩子选择的职业越来越多了，那么孩子们该如何发现自己的兴趣点呢？

李文道： 孩子的兴趣要到真实的生活中去寻找。现实生活中孩子的一大问题就是缺乏对真实世界的了解。大多数孩子在学校里面已经学了很长的时间，学校生活相对枯燥，家长再在孩子寒暑假期间报满了补习班，硬生生地把假期给改成第三学期、第四学期，实际上家长这种行为违背了设置寒暑假的初衷，设置寒暑假的目的是让孩子有时间去体验真实的生活和职业，这是一种直接体验式的学习。就像小学语文课本中《小马过河》所讲的道理一样，父母要鼓励孩子多探索多尝试，在探索和尝试中发现自己的兴趣与爱好。比如，有的孩子长大后想开个面包店，家长可以帮助孩子找个机会，到面包店去见习，或者到面包店去帮厨，亲身体验一下面包店是如何经营的。亲身体验之后，孩子才能知道自己是否真的喜欢这个工作。如果不喜欢，那么他可以继续进行新的探索。我认为，一个人在做出最终的职业选择之前，一定要有足够量的探索。如果一时找不到，那么也可以"骑驴找马"，通过不断尝试，最终发现了自己的兴趣，找到了自己心仪的职业，这也是幸福的。

孙云晓：李老师讲的这个问题特别重要，在人类的所有知识、能力当中，生活实践与生活能力，或者实践能力是一个很重要的基础。因为选择自己心仪的发展前途与职业目标，它不是一个"空中楼阁"，坐在家里凭空想象肯定是想不出来的，必须要有实践的经验。美国心理学会前主席斯滕伯格教授提出一个著名的理论"智力三元论"，通俗地讲，就是人的智力有三个方面：第一个是分析性智力，第二个是创造智力，第三个是生活实践智力。今天的中国青少年最缺乏的是生活实践智力和能力。没有生活实践智力就难以判断外界事物，无从发现自己的兴趣与爱好。

什么是生活实践智力呢？斯滕伯格讲过一个5岁男孩救母亲的例子。他妈妈洗澡的时候，疾病发作动弹不得，水池里的热水哗哗流着，妈妈倒在浴缸里面了。男孩虽然小，他也知道妈妈这样下去会受不了的，他就去拧那个热水龙头，但是水龙头太烫了，他根本控制不了。那这个小孩就想怎么办呢，他灵机一动，把那个冷水龙头也打开到最大了，热水凉水都冲进了浴缸，这样就抵冲了过热的水温。同时他马上打电话报警，最终解救了妈妈。由此可见，孩子有这种生活实践能力是非常重要的，这也是生存的基本条件。所以说不能让孩子只知道学习书本知识，这样片面地学习就把孩子学傻了，孩子根本不知道这个世界是怎么样的，不知道生活是什么样的。所以还是要"读万卷书，行万里路"，一定是要将书本知识和现实生活结合在一起，才能将书本知识转化为真实的能力。说得具体一点，在孩子的中小学阶段，特别要让孩子更多地去体验。那么孩子体验多了以后，会有助于他思考，唤起他的兴趣，也有助于他正确判断自己适合什么，什么事情自己能做好。这个我认为就是非常重要的。

李文道： 在中学时期，大概是12岁到18岁的时候，个体最重要的任务是什么？就是自我认同，也就是经典的"人生三问"：我是谁？我从哪里来？我要到哪里去？在中学阶段要决定"我将来要上个什么样的大学，要学个什么专业，我要过什么样的生活"，这段时间是特别重要的。如果在父母和老师的引导下，个体进行了积极的自我探索和环境探索，得到了明确的答案，这是最理想的。他接下来的大学四年时间肯定不会虚度荒废，因为他所过的生活就是他想要的生活。遗憾的是，初中和高中正是学习压力最大的时候，许多孩子往往都是心无旁骛，天天在上课、考试、刷题，他对真实的世界不了解，他对未来可能从事的职业不了解。

我的专业是心理学，跟心理学本科生上第一节课时我喜欢问一个问题："你为什么选心理学？"好多同学回答说自己喜欢心理学。我再接着问："你知道心理学是什么吗？"好多同学露出茫然的表情，表示自己并不真正了解心理学是什么。我说你不知道心理学是什么的时候，你就爱上它了，这是不是就像"闪婚"？你不了解一个人的时候，你就"嫁"给他了。我说你要"嫁"多长时间？四年啊！因此，我认为人生规划、学业选择，最重要的就是中学阶段。在中学阶段，中学生应该通过阅读、实习和各种实践活动进行积极探索，找到适合他的、他也想学的专业，做到"知己知彼，百战不殆"。职业没有什么好坏之分，只有适合不适合。这个是父母跟孩子探索出来的，商量出来的。

孙云晓： 是的，现在国内外都在为青少年提供职业体验的机会，各种各样的职业都能体验，还有制度性的安排。比方说日本、韩国，在初二期间，差不多有一周的时间定为职业体验周，就像学期课程安排一样。我到日本和韩国去了解过，就是学生根据自己的兴趣和需要，想当公务员，就到机关去；想当售货员，就到商场去；想当医生，就到医院去；等等。你喜欢什么方面就与什么方面取得联系，社会也很理解和支持。日本、韩国是这种制度性的，而美国的做法也挺有意思，叫作"跟着爸爸妈妈上班一天，给孩子带来美梦无限"。自己的爸爸妈妈，他们干了什么工作，怎么样开展工作，孩子往往并不了解，所以美国有这个制度，就是你可以带着孩子在某个时间来工作，上一天班。那么孩子就会知道爸爸妈妈这个工作是怎么样的辛劳，或者怎么样的独特，孩子当然也能更理解父母。

当然，青少年的社会生活体验确实是需要全社会都来支持的，学校要有制度性的安排，家庭和社会都要给予支持。因为这关乎我们孩子的未来，这种方式也会丰富孩子的阅历。但是这个阶段的孩子可能会今天提出来我想干这个，明天再说我想干那个，尤其是特别小的孩子很容易出现这样的情况。当孩子经常表示对某项事情感兴趣的时候，父母不要嘲讽，更不要轻易地反对，说他胡思乱想、做白日梦等。应该怎么做呢？你可以给他适当的体验。比方说，孩子想当舞蹈家，那么你可以带孩子到舞蹈学院或类似的机构去参观参观，看看人家是怎么练功的，人家对学员有哪些要求，也可以看看舞蹈家的传记，等等。如果孩子兴趣更加高涨，还可以适当参与训练，做稍微有些深入的体验。

体验对孩子来说非常重要，体验越多的孩子，越能找到真正适合自己的潜能优势。我是一个研究者，也是一个作家，我曾经采访了一大批中国的孩子，几十年来，写了很多关于他们的报告文学。我有一个习惯就是经常要和他们联系。青少年的变化非常神奇，几十年前，我采访时孩子还很小呢，现在他们的发展让我非常惊讶。有些孩子小时候的兴趣持续了一生，比方说著名摄影家王瑶，5岁开始摸相机，11岁就获全国大奖，后来获国际大奖，并且成为中国摄影家协会的主席。

但也有的孩子改行。比方说我曾经采访过的小歌星孙佳星，中国第一盘儿童歌曲磁带就是她的专辑。她最初想唱歌的时候，妈妈坚决反对，妈妈是文工团的小提琴演奏家。有一次妈妈生病的时候，孙佳星录了自己唱的歌给妈妈，妈妈说："好听啊，谁唱得这么好。"由此妈妈才支持女儿唱歌，她成了红遍天下的小歌星。但是孙佳星16岁的时候，也是最红的时候，却毅然决然地退出歌坛。做出这个决定是因为她仔细考虑了自己的发展，觉得不能只走这条路，光这么唱下去，事业太单调了。孙佳星认为，一个人在艺术路上走得要长久，一定要有更深的知识功底。当了小歌星之后也很忙碌，需要签名，到处演唱，她觉得路越走越窄，而导演可以做创造性的工作，而且导演工作是一种更长久的工作。她决心要考中央戏剧学院的导演系，要做幕后工作，要更好地拓展自己的知识结构，为更大的事业打好基础。于是，她就收心，退出歌坛，专心学习，真的考上了中央戏剧学院的导演系。她毕业的时候有一个演出，她主演话剧《安提戈涅》，她请我去看。孙佳星现在是在一家文工团做导演，事业做得非常好。所以，青少年时代的孩子千变万化。这个时候能够通过实践体验，发现自己真正的优势，做出选择，这会影响一生的。

我和孩子一起追星

主持人： 现在很多孩子喜欢选秀明星，该怎么看待这种现象呢？

孙云晓： 当我们看到儿童的问题的时候，一定要看到其中的合理性，就是为什么会出现这个问题。我在中国青少年研究中心工作了30年，我们有一项研究就是关于儿童的偶像和榜样。我们发现在小学五年级的时候，榜样的影响力达到最高峰。到了初中二年级的时候，偶像的影响力达到了最高峰。榜样往往是社会倡导的，或是国家或是学校倡导的，而偶像不是学校安排的，不是国家安排的，是个性化的选择。小孩子到五年级的时候，榜样的影响力最强烈，最爱学习模仿。到了初中二年级的时候，偶像的影响力达到最高峰，就说明初中的孩子特别想寻找自我，想找到理想的自我，觉得明星特别容易让他们陶醉，这是他的一种心理需求的投射，他想象着我也这么光鲜亮丽，我也这么万众瞩目多好啊。喜欢榜样或偶像说明他这个时候就非常需要一种成长的"精神拐棍"，这是一种正常的现象。比方说，孩子可能喜欢一个演艺明星，或者一个"网红"，父母和老师该怎么办呢？我们长期研究的结论就是不能够去打击孩子，不能说你这个属于特别低级的趣味。不能这样简单否定，可以倾听孩子的想法，可以跟孩子探讨为什么喜欢他。

我有一个朋友，她是天津社科院的一个教授。她的儿子非常喜欢篮球，当时对一个篮球明星特别着迷，房间里贴满了这位明星的海报。他妈妈嗤之以鼻，觉得整天弄这个有什么用。后来她发现这样做不对，这个妈妈也开始研究这个明星，收集了很多这个明星的资料，妈妈是搞研究的，擅长收集资料。结果妈妈和儿子在一块讨论这个明星的时候，妈妈知道的比儿子知道的还多，所以儿子特别佩服妈妈。这个妈妈还跟儿子分享了这个明星在光鲜亮丽的背后付出的巨大辛苦，以及这位明星为人品质方面的一些故事，其结果是把偶像变成了榜样。其实很多明星，孩子看到的只是表面，如果你能找出他们值得学习的一些东西，找出榜样的因素来，那对孩子的成长是非常有推动力的。其实几乎没有一个明星可以随随便便地成功。比方说，调查研究发现，在小学、初中、高中学生崇拜的偶像和明星中，周杰伦一直是高居榜首的人物。实际上，周杰伦是很勤奋的，知识面很广，不但能够演唱，还能够作词，他作的词有唐诗宋词的韵味；他还很有孝心，非常孝敬母亲。所以说当孩子喜欢某个明星的时候，父母不妨和孩子多讨论，让孩子看到一个更真实、更全面的明星，这对孩子的成长是有益的。

李文道： 其实，榜样和偶像是个人"理想自我"的一部分，而青少年时期往往是最富于理想的时期。在寻找偶像的过程中，他会慢慢地和自己做比较，就是"理想自我"和"现实自我"的比较，"理想自我"的存在，可以带来一定的心理安慰，给孩子一种幸福感。因此，从这个意义上来讲，偶像对青少年实际上是有一种正面的价值的。但是，这种偶像崇拜往往伴随着一定的盲目性，因此是需要成人引导的。父母可以将中学生对偶像的崇拜导入一种积极的力量。在寻找偶像的过程中，中学生认识了自己，也认识了这个世界，然后就逐渐形成了对自己的看法，会思考他将来想过一个什么样的生活。如果说这种自我认同发展较好的话，那么他上大学的时候，甚至以后工作的时候，就会有一个比较明确的目标和方向，减少了大量的试错成本。孩子有一个偶像或榜样，父母千万不要打压。要学会先认同，然后再逐渐地去引导，这样容易把对偶像的崇拜导向一个有利于青少年发展的方向上去。

榜样的光芒照我前行

孙云晓： 我觉得一个青少年如果心里装下十个不同类型的偶像和榜样，那他的人生就会有方向有力量。一个正常人的心灵是丰富的，谁的兴趣爱好都不会是过于单一的，心里有多个偶像和榜样的人生才不会苍白。孩子的成长，特别需要一种精神的力量，其中偶像和榜样的作用特别大。

我自己很有体会，因为我童年时代喜欢文学，这深刻地影响了我的人生方向。我今天能走进这个演播室，能做教育研究、进行文学写作，是一个很偶然的事情。因为我在11岁之前没看过任何的文学名著，但是11岁时一个偶然的机会，看了一批文学名著，一下就照亮了自己的生活。我15岁的哥哥在一个工厂技校里面学习，见到厂里的图书馆准备销毁一批文学名著，看看四处没有人，哥哥就匆忙挑了一些书装了一书包回来。然后，我们小哥俩就没白天没黑夜地看，哥哥看完，我接着看，哥哥就是我的榜样。我当时的感觉是迷醉，一看就迷上了。那是前所未有的一种刻骨铭心的体验，内心充满了震撼。我有一种强烈的感觉，就觉得文学太迷人了，作家太伟大了，我要读更多的书，我也要成为一个作家！所以从那个时候起，我就对很多的中外作家、诗人特别地崇拜，他们就是我的偶像和榜样。那么我从11岁开始做文学梦，到2020年我65岁，50多年了，就是这种美的追求改变了我的整个生活，所以我说一个人的生命需要被点燃。当然，我一直在做儿童教育和研究工作，文学创作始终是业余的事情，但我一生都在写作，写文学，写教育。我写了很多的报告文学，包括引发全国教育大讨论的《夏令营中的较量》；长篇小说也写了5部，其中的《金猴小队》还被中央电视台拍成8集同名电视剧，荣获中国电视剧飞天奖。回首往事，就是11岁的时候，我找到了自己，发现了自己最大的爱好，这是我一生的幸运。

主持人： 您女儿把您当榜样、当偶像吗？

孙云晓： 女儿的确多次写过把我当榜样。我是"50后"，女儿是"80后"。她没有上过重点的小学、初中、高中，也很少上什么课外班。因为我当过9年的记者，她受我的影响，她在小学、中学也尝试去当小记者。她多次在日记和作文里说，她看到我最多的形象就是坐在书桌前，要么就是阅读，要么就是写作，她说午夜梦醒起身，都能看到老爸还在灯下"奋笔疾书"呢！那个时候都是用笔写。这种场景让她印象很深。所以她也自然而然地喜欢上了阅读，喜欢上了写作。非常有意思的是，她虽然没上重点学校，但因为喜欢写作，喜欢当记者，小学就加入了小学生记者站，上了中学又是《中国中学生报》的记者，还兼任北京中学生通讯社通讯员等。

女儿的经历给我一个很大的启发，就是我女儿在中学时代，就确定了自己人生的职业理想，将来要当记者，她相信自己有记者的才能，有写作的天赋，所以后来她在普通的中学考上了一个很好的大学。她的职业理想就是一毕业就去当记者。大学毕业后，她真的就在中国新闻社的《中国新闻周刊》做了5年记者。因为她这个记者当得不错，又会日语，就被中国新闻社委派为长驻日本的记者。

女儿不仅拿我当榜样，其实妈妈也是她的榜样。她妈妈北大日语专业毕业，她觉得妈妈日语说得很好听，很佩服妈妈，所以她中学6年都在学日语。我最欣慰的是，女儿已经在媒体这个行业里干了15年以上了，因为成绩突出荣获过中央国家机关青年五四奖章。更为重要的是，她到现在还乐此不疲，认为自己的人生道路越走越宽广，这是我特别欣慰的。2019年，我和女儿合著的书《遇见文学的少年妙不可言》出版了，这是我们父女密切互动、共同成长的总结。

家长的优良品格是孩子一生的财富

孙云晓： 讲到这里，有一个问题值得探讨一下，就是很多父母觉得我没权力也不富贵，文化水平也比较低，我没有好的方法教育孩子，是不是我就不能给孩子做榜样了。其实不是这样的。我们给孩子做成长规划的时候，实际上你会发现，这个成长规划的核心，是做人的问题，是要做一个什么样的人、要走什么样的人生道路的问题。

有一个例子特别耐人寻味。著名作家莫言获得诺贝尔文学奖，在瑞典文学院发表讲演的时候，很少会有人想到，他甚至通篇讲的都是他妈妈，而他妈妈就是一个普普通通没有多少文化的农村妇女。莫言讲了他妈妈一个接一个的故事，我到现在都非常难忘。妈妈的这些故事其实说到底就是一个做人的问题。

莫言和我年龄差不多。他说他十三四岁的时候，妈妈带着他去卖白菜，让他帮着算账。来了一个老太太买白菜，这个老太太很挑剔，左掰一个菜帮，右掰一个菜帮，掰得莫言和妈妈都很心疼，但是他们都忍着。莫言算账的时候，就"特意"给多算了一毛钱，然后就去上学了。没想到回来以后，看见妈妈泪流满面，轻轻地说"儿子，你让娘丢了脸"。莫言听到很震撼，就因为多算了人家这么一毛钱，妈妈这么伤心。他妈妈是一个非常严于律己、宽以待人，很厚道的农村妇女。

还有很多故事也很感人。比如一个老汉到他们家讨饭，莫言拿了红薯干给那个老汉，老汉眼睛很尖，看到他们家在吃饺子，那个老汉就说："我是一个老人，你们吃饺子，却让我吃红薯干，你们的心是怎么长的？"莫言说："我们一年也吃不了几次饺子，一人一小碗，连半饱都吃不了！给你红薯干就不错了，你要就要，不要就滚！"争吵声被他妈妈听见了，妈妈训斥了莫言，把自己那半碗饺子拿来倒给那个讨饭的老汉。就这样的事太多了。所以说一个普通的农村妇女，甚至没有文化的农村妇女能给孩子带来什么影响呢？她就是给了莫言做人的底气、做人的原则，这是平凡中的不平凡，是普通人也能做到的高境界。有时父母可能缺少知识，也可能缺少财力，但是你给孩子最大的影响是人格的影响。这对孩子更为重要。

当然，孩子是千差万别的。有的孩子可能试了几个方面的事情，就找到自己的兴趣了，就可以坚持下去了。有的孩子可能试了十几个方面的事情，才找到最适合自己的领域。并不是说适合做这个事情的人就能做到最好，即使有的人真适合，也不一定能做到最好，因为这里面还需要一种人格的力量作为支撑。北师大的心理学家陈会昌教授，追踪调查了几百个孩子，从他们两岁开始一直到二十几岁，他发现那些发展很理想的孩子，表现出两个特点：主动性和自制力比较强。主动性和自制力是什么？是人格的核心要素，就是他能够积极主动地去探索，去追求，同时他还有一定的自制力。比方说，能够控制自己的一些不良倾向。任何一个人要取得成就，不完全靠他的天赋禀性，还要依靠他的人格特点——能不能做到坚持。所以很多的研究都会发现非智力因素比智商更为重要，比如意志力、坚持性、跟人合作的能力等方面是非常关键的。因此可以说，父母帮着孩子规划未来，不仅仅是一个技巧问题，核心还是一个做人的问题，就是能不能持之以恒，能不能养成习惯，能不能跟别人合作。

李文道： 培养孩子的良好品格，不一定通过特别"高大上"的事件来培养。最好的培养途径就是日常的家庭教育，父母在家里面带领孩子做家务，让孩子学会自己的事情自己做，可以培养孩子的一些宝贵品质。如果说通过这种家庭教育，通过生活教育培养了孩子坚韧的品格，帮助他为未来的挑战做好准备，等到将来有一天他真正找到了自己的兴趣爱好，找到一个合适的契机，那么他就是容易成功的。

孙云晓： 青少年发展的目标是慢慢清晰起来的，高中之前都不容易明确，但是重要的是基础要好。什么是最重要的基础呢？现在虽然不能确定孩子将来做什么，但是能确定的是，在小学和初中时代，一定要养成几个关键的良好习惯，比如喜欢阅读、勤于写作、勇于负责、喜欢运动，等等。所以父母也好，老师也好，就特别需要在孩子的这个阶段帮助他养成良好习惯，让孩子有一个坚实的基础，比如喜欢阅读，就为孩子了解世界打开了一扇窗户。

个人理想需要并入社会发展的快车道

孙云晓：怎么样让孩子有明确的人生目标和清晰的未来规划呢？我们希望孩子对以后的生活有规划，让孩子知道自己想上的大学、想学习的专业与想从事的工作，对未来生活有一个憧憬，等等。但是许多父母感觉现在孩子还比较懵懂，没有规划，这个怎么办？如何帮助孩子树立一个正确的奋斗目标？我觉得对于青少年来说，目标就像灯塔一样吸引他、指引他，使他不迷失方向，让他永远朝着这个方向去努力，这是非常重要的。孩子在中小学时代其实就是在不断地选择更适合自己的目标。孩子要有远期目标、中期目标、近期目标。

  作为父母来说，具体该怎样引导孩子呢？怎么样把成长规划变为可操作的事情呢？比方说在新冠肺炎疫情期间，有一些父母做得就很好，处理好了目标和现实的关系。比方说江苏徐州少华街小学四年级男生刘宸硕，喜欢设计网络程序，他从电视上看到，4.2万名医护人员都跑到武汉去救援，然后他觉得救援工作很需要提高效率，同时还要保护好医务人员。于是，他就设计了三款医用机器人，一个是机器人医生，一个是打针的护士，一个是医疗运输车。我觉得这就是很好的实践。孩子这个时候不能确定自己将来一定干什么，他才是一个9岁的小学生，但是他有报国和拯救生命的强烈愿望，并且做出了自己的实际探索。我认为这就是把远大目标和当下的努力结合起来了，这是很好的尝试。

疫情期间凸显了生活教育的重要性，生活能力与防控疫情关系密切。有些睿智的父母注重培养孩子的生活能力。扬州8岁的小学生缪苇杭就是很好的例子。在防疫期间，他居然学会了做30多种菜，而且很喜欢自己掌勺的感觉，现在甚至还学着去种菜，把自己种的菜收了然后自己做出来品尝。而且由于学会了做饭，他变得更加独立和自信，即使在厨房里发生了小的烫伤之类的事情，他处理起来也很从容，说烫伤很正常，冷敷一下，弄点药抹一抹，就好了。这两个小学生的案例让我倍感欣慰，他们踏踏实实的行动，就是把大目标和小目标结合起来的生动实践。

孩子的成长目标一定是要和孩子的年龄特点以及生活的实际结合起来的，而且还要与时事结合起来。前面说的两个孩子，疫情来了没有任何的怨天尤人，而是趁机干一些自己感兴趣的事，而且是对社会或者对自己的家庭有意义的事。这样的孩子今后无论选择了什么样的职业，到哪儿去，他一定可以在他的环境里找到一个适合他发展的目标。

李文道： 对，让孩子有目标，并为了这个目标而不断持续地去努力，去实现这个目标。目标的实现可能对孩子没那么重要，目标实现的过程对孩子更重要。克服困难继而实现目标的过程会磨炼孩子的品格，这种品格对孩子的未来发展更重要。

孙云晓： 要想为孩子成长做好规划，一个重要的原则就是尊重孩子的参与权，要和孩子一起去规划未来。教育孩子的前提是理解和尊重，没有理解和尊重就谈不上教育。一定不要说，别人的孩子考北大，我的孩子就要考清华；别人的孩子考哈佛，我的孩子必须考耶鲁。这种攀比是非常愚蠢的，因为孩子是千差万别的。作为家长一定要相信你的孩子是独一无二的。明智的父母在于发现孩子的独特潜能，发现他真正的爱好、真正的优势。在规划未来的时候，做职业选择的时候，要把两点结合起来：一个是发现自己的潜能优势，即我什么能做好——我说过，天才就是选择了适合自己的道路；那么另一个方面，要考虑到社会的需要。这两者必须结合好。

我想起一个人才现象，为什么江南钱家近代以来人才辈出，钱学森、钱伟长、钱三强、钱穆、钱钟书，包括政界人物钱正英、钱其琛，等等。因为钱家有一个传承千年的钱氏家训，我是认真看过的，这个家训分个人、家庭、社会、国家四个部分。其中国家部分有一句话我很难忘："利于一身者勿谋也，利于天下者必谋之。"意思是说，这个事情对你个人很有好处你不要轻举妄动，如果这个事情对国家对天下有益处，你必须敢于担当。所以我们会发现钱家人志向都很高远。钱学森在美国已经拥有很高的地位了，荣华富贵、才华施展都没问题。但是他在中国最困难的时候回国，这就是家训、家风的一种影响力，就是家国情怀。把个人的专长和国家的需要结合起来了，这就大有作为。我觉得我们一定要有这个意识，要走出小我，不能只想到我的小爱好、小兴趣和小特长，而一定要和国家、社会的需要紧密结合，成长的道路才会越走越宽广。

李文道：在中学阶段，孩子一定要有一个目标，一定要去做规划。但是做规划的时候，规划的主体应该是孩子，父母的作用只是引导和帮助，父母的角色像顾问，真正做出决策的是孩子本人。人生是孩子的，不是父母的，未来是孩子的，也不是父母的。我们这些父母都属于"前浪"了，在帮助"后浪"规划的时候一定要心存这种敬畏：未来是不确定的，不能只用父母过去的经历给孩子的未来做规划。

孙云晓：毛泽东对青年人有名言道：世界是你们的，也是我们的，但是归根结底是你们的。是的，后浪推前浪，后浪一定胜过前浪。父母需要明白的是，有的孩子生来就是一棵树，有的孩子生来就是一朵花，而家长要做的事情，就是发现你的孩子到底是什么样的树、是什么样的花，然后给予他充分的阳光、土壤、水分等，让孩子在他适合的地方茁壮地成长。

家长感言

观看了家庭教育公开课这一期的节目，我对孙云晓老师的"天才就是选择了适合自己的道路"的观点非常认同。对一个初二年级的孩子来说，他还不能确定将来一定干什么，家长一定要帮助他选择最适合的道路，这样孩子才能顺利成长。以前我总片面地认为，给孩子选择最好的学校，就是在帮助其规划未来；这次公开课使我明白，为孩子成长做规划要与孩子的年龄特点、生活实际、当下时事相结合，要根据孩子自身需求和特点进行设置。家长和孩子一起规划未来的时候，要重视孩子的内在发展，发现他们独特的潜能优势并充分理解和尊重他们，在合力的促进下，才能使孩子的能力和学识进一步提升。从现在开始，我要学习做一名懂孩子的家长，与我的孩子一同规划未来、一同成长。

北京市东城区第五十中学　闫××家长

孙云晓和李文道老师的指导，让我受益匪浅。孩子是教育的主体，和孩子一起规划未来，就要重视对孩子内在的发现。教育孩子的前提是理解和尊重，没有理解和尊重就谈不上教育。孩子是千差万别的，家长一定不要比较，要相信孩子是独一无二的，要发现孩子独特的潜能和优势，结合社会的需要，更好地帮助孩子规划未来。人生是孩子的，不是父母的，父母要做好榜样，在孩子的成长道路上发挥好引导、助推作用。

内蒙古包头市科技少年宫润德幼儿园　王×× 家长

　　观看家庭教育公开课这一期节目后，我受益颇多，感触很深。中国式的家庭教育中，有许多父母把孩子当成小公主、小王子，家庭中的成人都以孩子为中心，对孩子宠溺、顺从；或者以家长自己的意愿去要求孩子。反观自己，在对孩子的教育上也或多或少地存在随意性，自己常常会被工作或家庭琐事左右，并以此为借口放弃了重要的教育原则，以致有时并没有真正理解孩子，只是一味地把自己的想法强加给孩子。今天听了专家的指导，我深刻体会到，作为家长，首先要以身作则，尊重孩子，与孩子平等相处，制定宽严适度、张弛有度的原则，循序渐进引导孩子。同时还要与学校密切配合，陪伴孩子成长，并做到持之以恒，使孩子形成良好习惯。

海南省五指山市嘉佳幼儿园　王×× 家长

后　记

　　家庭教育关系孩子终身发展，关系千家万户幸福，关系社会和谐稳定，关系国家和民族未来的发展。教育系统关工委自成立以来，始终把家庭教育作为发挥优势的重要平台，有80余万"五老"围绕中心、立足实际、主动作为，以立德树人为根本任务，积极投身家庭教育工作，在引导家长帮助青少年逐渐形成正确的世界观、人生观和价值观等方面发挥了应有的作用。

　　2020年，为了更好应对疫情防控期间令家长备受困扰的"疫情综合征"，儿童手机、网络成瘾等家庭教育问题，教育部关工委联合中国教育电视台开设"云上家长学校课堂"，推出"家庭教育公开课"，面向幼儿园、小学和中学等不同学段学生家长，邀请专家分别以生命安全教育、家校社协同育人、幼儿情绪管理及品格培养、孩子正确价值观的树立和良好习惯的养成、媒介素养与儿童手机使用习惯等问题分专题、有针对性地举办公开课，讨论解答。公开课通过部关工委微信公众号、中国教育网络电视台同步播放，学习强国教育频道、新华网公益频道、咪咕视频"云学堂"进行转载，《人民日报》、澎湃新闻等重要媒体进行了专题报道，9期公开课累计有2000余万人次收看，深受家长的欢迎，收到了良好的社会效应。

　　本书汇编了19位专家在"家庭教育公开课"上的精彩报告结集出版，以期更多的家长从中受益。本书的出版得到了刘慧、张志坤、康丽颖、芦咏莉、张爽、恽梅、刘肖岑、王异芳、黄爵青、杨彩霞、夏婧、王争艳、刘巧利、陆士桢、李敏、边玉芳、杨咏梅、孙云晓、李文道等19位专家（以专题先后为序）的大力支持，得到了教育部关工委家庭教育中心、中国教育电视台和人民教育出版社的大力支持，首都师范大学在读博士刘昱秋为书稿整理做了大量工作，在此一并表示衷心感谢。

编　者

2021年4月